中国村镇社区化转型发展研究丛书

丛书主编：崔东旭 刘涛

Assessment of Ecological Spaces
in Rural China:
Method and Application

村镇社区生态空间评价方法与应用

刘涛 彭荣熙 王雷 张海英 / 著

北京大学出版社
PEKING UNIVERSITY PRESS

图书在版编目(CIP)数据

村镇社区生态空间评价方法与应用/刘涛等著. —北京：北京大学出版社，2023.6
（中国村镇社区化转型发展研究丛书）
ISBN 978-7-301-34046-2

Ⅰ.①村… Ⅱ.①刘… Ⅲ.①农村社区–生态系–评价–研究–中国 Ⅳ.①D669.3

中国国家版本馆CIP数据核字（2023）第101202号

书　　　名	村镇社区生态空间评价方法与应用 CUNZHEN SHEQU SHENGTAI KONGJIAN PINGJIA FANGFA YU YINGYONG
著作责任者	刘　涛　等著
责 任 编 辑	赵旻枫
标 准 书 号	ISBN 978-7-301-34046-2
审 图 号	GS京（2023）1476号
出 版 发 行	北京大学出版社
地　　　址	北京市海淀区成府路205号　100871
网　　　址	http://www.pup.cn　　新浪微博：@北京大学出版社
电 子 邮 箱	zpup@pup.cn
电　　　话	邮购部 010-62752015　发行部 010-62750672　编辑部 010-62764976
印 刷 者	北京宏伟双华印刷有限公司
经 销 者	新华书店 720毫米×1020毫米　16开本　15.5印张　261千字 2023年6月第1版　2023年6月第1次印刷
定　　　价	79.00元

未经许可，不得以任何方式复制或抄袭本书之部分或全部内容。
版权所有，侵权必究
举报电话：010-62752024　电子邮箱：fd@pup.cn
图书如有印装质量问题，请与出版部联系，电话：010-62756370

"中国村镇社区化转型发展研究"丛书

编委会

主　编　崔东旭　刘　涛
副主编　黄一如　宋聚生　李向峰
　　　　　仝　晖　赵　亮
编　委　张志伟　孔亚暐　李世芬
　　　　　姚　栋　吴　晓　李泽唐
　　　　　何　易　刘　堃　冯长春
　　　　　王　雷　吴冰璐　司马蕾
　　　　　尹宏玲　杨　震　江　泓
　　　　　戴晓辉　杨　辉　唐敬超
　　　　　何文晶　梁琪柏　陈亚男
　　　　　彭荣熙

丛书总序

本丛书的主要研究内容是探讨乡村振兴目标下的我国村镇功能空间发展、社区化转型及空间优化规划等。

村镇是我国城乡体系的基层单元。由于地理环境、农作特色、经济区位等发展条件的差异，我国村镇形成了各具特色的空间形态和功能系统。快速城镇化进程中，村镇地区的基础条件和发展情况差异巨大，人口大量外流、设施服务缺失、空间秩序混杂等问题普遍存在，成为发展不平衡、不充分的主要矛盾。党的二十大报告指出，全面建设社会主义现代化国家，最艰巨最繁重的任务仍然在农村。因此，从村镇地区功能空间转型和可持续发展的角度出发，研究农业农村现代化和乡村振兴目标下的村镇社区化转型，探索形成具有中国特色的村镇社区空间规划体系，具有重要的学术价值和实践意义。

"中国村镇社区化转型发展研究"丛书的首批成果是在"十三五"国家重点研发计划"绿色宜居村镇技术创新"专项的第二批启动项目"村镇社区空间优化与布局"研发成果的基础上编撰而成的。山东建筑大学牵头该项目，并与课题承担单位同济大学、北京大学、哈尔滨工业大学（深圳）、东南大学共同组成项目组。面向乡村振兴战略需求，针对我国村镇量大面广、时空分异明显和快速减量重构等问题，建立了以人为中心、以问题为导向、以需求为牵引的研究思路，与绿色宜居村建设和国土空间规划相衔接，围绕村镇社区空间演化规律和"三生"（生产、生活、生态）空间互动机理等科学问题，从生产、生活、生态三个维度，全域、建设区、非建设区、公共设施和人居单元五个空间层次开展技术创新。

项目的五个课题组分别从村镇社区的概念内涵、发展潜力、演化路径和动力机制出发，构建"特征分类＋特色分类"空间图谱，在全域空间分区管控，"参与式"规划决策技术，生态适宜性和敏感性"双评价"，公共服务设施要素一体化规划和监测评估，村镇社区绿色人居单元环境模拟、生成设计等方面进行了技术创新和集成应用。截至 2022 年年底，项目组已在全国 1300 多个村镇开展了调研，在东北、华北、华东、华南和西南进行了 50 个规划设计示范、10 个技术集成示范和 5 个建成项目示范，形成了可复制、可推广的成果。已发表论文 100 余篇，获得 16 项发明专利授权，取得 21 项软件著作权，培养博士、硕士学位研究生 62 名，培训地方管理人员 61 名。一些研究成果已经在国家重点研发计划项目示范区域进行了应用，通过推广可为乡村振兴和绿色宜居村镇建设提供技术支撑。

村镇地区的功能转型升级和空间优化规划是一项艰巨而持久的任务，是中国式现代化在乡村地区逐步实现的必由之路。随着我国城镇化的稳步推进，各地的城乡关系正在持续地演化与分化，村镇地区转型发展必将面临诸多的新问题、新挑战，地方探索的新模式、新路径也在不断涌现。在迈向乡村振兴的新时代，需要学界、业界同人群策群力，共同推进相关的基础理论方法研究、共性关键技术研发、实践案例应用探索等工作。项目完成之后，项目团队依然在持续开展村镇社区化转型发展相关的研究工作，本丛书也将陆续出版项目团队成员、合作者及本领域相关专家学者的后续研究成果。

本丛书的出版得到了中国农村技术开发中心和项目专家组的精心指导，也凝聚了项目团队成员、丛书作者的辛勤努力。在此，向勇于实践、不断创新的科技工作者，向扎根祖国大地、为乡村振兴事业努力付出的同行们致以崇高的敬意。

"中国村镇社区化转型发展研究"
丛书编委会
2023 年 4 月

前　　言

　　乡村振兴战略明确提出在乡村地区实现"生态宜居"目标。本书立足人与生态的互动关系，面向乡村地区"三生"空间协调发展需求，聚焦村镇生态空间的评价方法和技术应用。本书基于遥感影像、土地利用调查、自然地理和水文气象等多源数据，研发了村镇社区生态要素分类识别与提取、生态敏感性评价、生态适宜性评价等相关技术，并在村域和镇域两个尺度上开展了案例应用。全书共由7章组成，遵循理论探讨与案例研究相结合的思路。第1章是引领性的绪论部分，系统性地介绍了村镇社区生态空间优化的重要性及其微观尺度特点；第2章对村镇社区尺度的生态要素进行了细致的分类；第3、4章结合具体案例详细介绍了在这一分类体系下如何基于遥感影像数据实现村镇生态要素的快速识别；第5、6章分别介绍了村镇社区生态敏感性与适宜性评价技术；第7章则是对生态敏感性与适宜性评价技术应用的实际案例检验。

　　本书可能的创新之处在于4个方面：第一，构建了村镇社区生态要素分类的新框架，明确区分生态功能要素和生态干扰要素，突出不同生态要素在村镇社区生态系统中发挥的正负作用，有利于根据生态评价结果制定相应的生态要素优化策略；第二，创新了基于高精度遥感影像数据的村镇社区尺度生态要素识别方法，大幅提高了识别精度和效率，为村镇社区生态敏感性与适宜性评价奠定了通用性的数据基础；第三，针对微观尺度生态要素之间邻接关系密集、相互作用强烈的特点，提出生态要素邻接效应的分析框架和算法，提升了生态敏感性评价的科学性和系统性；第四，基于村镇社区生态过程微观尺度特点，参照国家现行的相关评价规程，优化了村镇社区生态敏感性和适宜性评价技术流程，使其更加适用于村镇社区尺度的生态评价工作，增强了实用性和可推广性。

本书的主要内容源于"十三五"国家重点研发计划项目课题"村镇社区生态系统空间优化与规划关键技术"（2019YFD1100803）的工作成果。技术研发和应用工作得到了项目负责人崔东旭教授、课题组司马蕾副教授和吴冰璐副教授及其研究团队的大力帮助，得到了科技部中国农村技术开发中心王峻处长和其他工作人员的持续支持。作者感谢复旦大学方雷和华东师范大学姚申君两位老师及其团队的技术支持，感谢在技术研发和应用过程中参加技术研讨并提出宝贵建议的刘云中、田莉、李双成、曹广忠、张小艳、王茂军、黄大全、张学霞、缪杨兵、谢玉静、王雨、陈义勇、王洁晶、王锡泽、史秋洁、肖磊等诸位老师，感谢在技术应用方面提供调研和数据支持的北京市规划和自然资源委员会及平谷分局、山东省国土空间规划院（原山东省土地调查规划院）、山东省城乡规划设计研究院、北京市平谷区大华山镇及砖瓦窑村相关领导和工作人员，以及北京大学戴林琳老师。特别感谢北京大学出版社王树通、赵旻枫老师对书稿进度的敦促和细致高效的编校工作。

作为课题负责人，刘涛设计了研究的整体框架和工作思路，统筹负责现场调研和书稿撰写及校对工作。彭荣熙、王雷、张海英等辅助完成了上述工作。课题组也有其他多名成员参与了课题研究和书稿撰写，包括肖雯、苏浩然、朱羽佳、田丽铃、李钧泓、李佳瑞、李从容、熊玉晴等。

目　录

第1章　绪论 ·· 1
 第1节　国土空间规划与生态空间优化 ··· 1
 第2节　村镇社区的概念与定义 ··· 3
 第3节　村镇社区生态优化面临的问题与挑战 ··································· 4
 第4节　村镇社区生态空间评价与优化的总体思路 ···························· 6

第2章　村镇社区生态要素分类 ·· 10
 第1节　研究综述 ··· 10
 第2节　生态要素概念界定 ·· 16
 第3节　村镇社区生态要素分类体系 ·· 17
 第4节　村镇社区生态要素空间特征评价 ·· 22
 第5节　小结 ··· 27

第3章　基于遥感的村镇社区生态要素识别 ······································ 28
 第1节　遥感技术的应用优势 ··· 28
 第2节　生态要素信息提取的微观数据基础 ···································· 29
 第3节　基于遥感的生态要素分类方法 ·· 35

第4章　典型生态要素的识别方法与监测应用 ··································· 39
 第1节　农作物种植结构的提取 ··· 39
 第2节　冬小麦种植区的提取 ··· 51
 第3节　灌区干旱监测 ··· 58
 第4节　湿地景观格局变化动态监测 ·· 66

第5节 建筑物提取方法及应用 ································· 77
第6节 村镇社区的遥感技术应用展望 ························· 83

第5章 村镇社区生态敏感性评价 ································· 85
第1节 研究综述 ··· 86
第2节 生态脆弱性评价 ··· 93
第3节 生态系统服务功能重要性评价 ························· 98
第4节 生态敏感性综合评价 ······································· 105
第5节 小结 ·· 105

第6章 村镇社区生态适宜性评价 ································· 107
第1节 生态适宜性的概念与内涵发展 ························· 107
第2节 村镇社区生态适宜性评价研究进展 ·················· 109
第3节 基于专家打分的生态适宜性评价 ······················ 114
第4节 基于两步法的村镇社区生态适宜性评价 ············ 122
第5节 小结 ·· 126

第7章 村镇社区"双评价"应用案例 ··························· 128
第1节 黄花店镇 ··· 129
第2节 杨屯镇 ·· 138
第3节 砖瓦窑村 ··· 147
第4节 麻子峪村 ··· 161
第5节 甄营村 ·· 172
第6节 北辛村 ·· 180
第7节 南张庄村 ··· 189
第8节 西郑庄村 ··· 198
第9节 黄家庄村 ··· 206
第10节 陈屯村 ··· 215
第11节 小结 ·· 224

参考文献 ·· 226

第1章 绪 论

第1节 国土空间规划与生态空间优化

国土空间规划是国家各类空间发展的指南,是未来可持续发展的蓝图,是对空间进行各类开发、保护、建设活动的基本依据。2019年5月,中共中央、国务院发布了《关于建立国土空间规划体系并监督实施的若干意见》(以下简称《意见》),对国土空间规划体系做出了总领性的谋划。《意见》中明确指出:"到2020年,基本建立国土空间规划体系,逐步建立'多规合一'的规划编制审批体系、实施监督体系、法规政策体系和技术标准体系;基本完成市县以上各级国土空间总体规划编制,初步形成全国国土空间开发保护'一张图'。到2025年,健全国土空间规划法规政策和技术标准体系;全面实施国土空间监测预警和绩效考核机制;形成以国土空间规划为基础,以统一用途管制为手段的国土空间开发保护制度。到2035年,全面提升国土空间治理体系和治理能力现代化水平,基本形成生产空间集约高效、生活空间宜居适度、生态空间山清水秀,安全和谐、富有竞争力和可持续发展的国土空间格局。"

生态空间作为国土空间的重要组成部分,其优化和规划在国土空间规划体系中占据着相当重要的地位。新时代国土空间规划编制的前提和基础是厘清自然本底条件,要求对规划区内国土空间的自然资源禀赋、资源环境承载能力、生态系统服务等多方面内容进行全方位认知和多维度评价,并在此基础上进行生产、生活、生态(以下简称"三生")空间的综合布局与安排。正如《意见》所指出的,为了提高国土空间规划的科学性，"在资源环境承载能力和国土空间开发适宜性评价的基础上，科学有序统筹布局生态、农业、城镇等功能空间，划定生态保护红线、永久基本农田、城镇开发边界等空间管控边界以及各类海域保护线，强化底线约束，为可持续发展预留空间"。这也就奠定了资源环境承载能力和国土空间开发适宜性在国土空间规划中的基础性和根本性地位。

为了有效指导各地开展资源环境承载能力和国土空间开发适宜性的评价工作，保证各地评价成果的规范性、科学性以及有效性，从而支撑各地国土空间规划的编制工作，2019年6月，自然资源部首次发布了《资源环境承载能力和国土空间开发适宜性评价指南（试行）》（以下简称《指南》），系统性地对"双评价"工作进行了规定和说明；2020年1月，自然资源部又发布了调整和完善之后的《指南》版本。根据《指南》，资源环境承载能力是指"基于特定发展阶段、经济技术水平、生产生活方式和生态保护目标，一定地域范围内资源环境要素能够支撑农业生产、城镇建设等人类活动的最大合理规模"；国土空间开发适宜性则是指"在维系生态系统健康和国土安全的前提下，综合考虑资源环境等要素条件，特定国土空间进行农业生产、城镇建设等人类活动的适宜程度"。通过"双评价"工作，能够掌握区域资源禀赋与环境条件，研判国土空间开发利用问题和风险，识别出生态保护极重要区，确定农业生产、城镇建设的最大合理规模和适宜空间，为国土空间规划的编制提供可靠依据。

但是，《指南》中明确指出其适用范围是省级、市县级国土空间规划，因而在其"双评价"步骤中的指标和方法也是针对这些尺度选取的。然而，由于国土空间规划层级分为国家级、省级、市级、县级、乡镇级五级，《指南》中的"双评价"方法在乡镇级国土空间规划中缺少实践指导意义，遑论更小尺度上作为城镇开发边界外的详细规划即村庄规划，而乡镇级国土空间规划和村庄规划的主要目的和特色要求恰恰是面向实施，关系到国土空间规划是否能够真正有效落地。因此，有必要对《指南》中的"双评价"方法进行补充和完善，明晰乡镇和村庄尺度上"双评价"的概念内涵，厘清微观尺度生态要素和空间规划的特点，进而据此选取相应评价指标、形成评价方法，制定更加适用于乡镇级国土空间规划和村庄规划的"双评价"工作内容和流程，从而有效支撑国土空间规划在村镇层面的编制和实施。

第 2 节　村镇社区的概念与定义

乡镇国土空间规划是国土空间总体规划的最后一环，对于国土空间规划的有效实施具有重大意义。作为我国的最基层政府，乡镇政府一级长期以来承担着众多的公共管理和公共服务职能，是贯彻落实各级政府政策、直面群众需求和问题的关键主体。然而，乡镇政府也长期面临条块分割、职能不全、事权繁杂等诸多问题，严重制约了乡镇政府职能的有效发挥（聂国良 等，2013）；而许多乡村地区相关政策的实施仅依靠村民自治组织也难以完成，政府力量向乡村地区的延伸成为这些政策贯彻落实的必要条件。因而，21世纪以来，许多地方的乡镇政府权力开始向村庄自治组织扩张，试图通过公共财政的投入、公共服务的开展等方式将村民自治组织转变为基层政府的办事机构，并借此提升乡镇政府在村庄的行动能力，促进政府职能的有效发挥（王春光，2015；袁金辉 等，2018）。

与此同时，伴随着乡村地区社区化进程的有序推进，乡村地区形态普遍发生变化，市民社会不断成长，传统的乡村治理结构受到冲击，仰仗民间权威的乡村治理模式逐渐走向终结，乡村治理转向对公共权力的高度依赖，因此，乡村居民本身也更多谋求公共权力在乡村治理中的介入和主导（王丽惠，2015）。在此背景下，村民自治组织逐渐走向"半行政化"的道路，承担了部分本应由乡镇政府承担的政府职能，在事实上成为我国治理体系中不可或缺的层级。乡镇级国土空间规划也需要对乡镇范围内各个村庄和居委会（以下简称"村居"）的国土空间进行具体安排，其具体执行和落实也离不开各个村居的深度参与，因而村镇社区在乡镇级国土空间规划中应当占据着重要地位，需要在乡镇级国土空间规划编制中给予足够重视和关注。

村镇社区，顾名思义，是指以村镇为主要地域范围的社区集合。尽管"村镇"和"村镇社区"等词汇在科学研究和规划及政策文本中经常出现，但目前仍然没有较为严密且得到普遍认可的定义。对村镇一词较为普遍的理解是"各类村庄、集镇和小城镇的总称"；而对村镇社区则并无一致理解和认识，有学者认为村镇社区是包括各类村庄和集镇的农村社区和小城镇社区的统称（刘真心 等，

2016），也有学者将村镇社区看作城镇型社区和一般村庄的总称（王金岩 等，2012）。村镇社区强调地域的社区性质，即一定地域范围内有共同利益诉求和较强认同感的人群形成的社会生活共同体；村镇则是对社区的一种地域范围限定。即村镇社区关注的是村庄和镇区的社区，而非城市地域的社区。基于对村镇社区的这一认识，本书认为，村镇社区在国土空间规划体系中不仅仅是最基本的尺度层级，更重要的是，相对于村镇而言，对村镇社区的强调更加突出了"人"的中心作用，重视社区成员能动性对村镇地域国土空间开发与保护的影响，从而加强国土空间的协同共治程度，有利于生态空间用途管制服务对象从生物物种向人的转变（赵毓芳 等，2019）。

第3节 村镇社区生态优化面临的问题与挑战

第七次全国人口普查结果显示，截至2020年，我国常住人口总量已达到14.1亿人[①]，其中有5.1亿人仍然居住在乡村地区，有3.2亿人居住在镇区，二者合计达8.3亿人，约占全国总人口的58.9%。由此可见，村镇地区仍然承载了我国近六成的人口。与城市地区相比，村镇地区具有地域面积广大、自然环境复杂多样、人口分布相对分散等特点，人类活动与生态保护之间的冲突更加明显和普遍。作为人与自然互动最密切的地域，村镇地区无疑是我国生态文明建设的最主要地区，村镇地区的生态空间优化是实现国土空间开发保护目标的重要基础和前提，也是实现乡村振兴的重要支撑点。

在我国村镇地区，生态空间保护与优化仍然面临着诸多现实问题和挑战亟待解决。首先，村镇地区的基层环境教育相对落后，生态保护意识较为薄弱。长期以来村镇地区生态环境保护相关宣传的缺位，以及村镇地区大量年轻劳动力外出务工，使得留守在村镇地区的老年居民整体文化水平不高，导致村镇地区居民环境教育相对滞后、没有形成良好的环境保护意识，仍然存在一些非常不环保的生产生活消费行为。例如，在农业生产中采用价格低廉但是难以降解的塑料地膜、使用过量化肥和农药、生活垃圾随意丢弃、秸秆随意焚烧等，在

---

① 数据仅包括31个省、自治区、直辖市和现役军人的人口，不包括香港、澳门、台湾。

生活中则大量使用和丢弃塑料袋等塑料制品，对我国村镇地区的生态环境保护造成了巨大压力。

其次，我国村镇地区产业发展普遍处于无序状态，导致环境污染严重且难以治理。以农业生产为例，为了保障村镇地区粮食维持稳定高产，化肥和农药的用量在很长一段时间内都居高不下且使用方式粗放，导致了村镇地区的大量面源污染，产生诸如水体富营养化、土壤肥力下降、地下水污染等生态环境问题。村镇地区非农产业产生的环境污染也不容小觑，随着城市地区产业结构调整以及污染监管力度加强，许多使用落后工艺的产业逐渐向监管薄弱的村镇地区转移，产业发展粗放、污染排放不达标等现象在村镇地区屡见不鲜，导致村镇地区生态破坏和环境污染的同时，也严重危害了村镇地区居民的身体健康。第三产业的发展同样对村镇生态保护提出了新的挑战。随着城市居民乡村休闲旅游度假的兴起，农家乐等旅游产业在村镇地区迅速发展起来，大量人流、车流在村镇地区的汇集以及农家乐等产业产生的废气、废水对村镇生态造成了严重破坏。在村镇地区，上述各类产业造成的污染可能会同时在同一村镇中出现，这无疑给生态治理能力本就相对薄弱的村镇地区带来了更严峻的挑战。

最后，村镇地区的环境保护和污染治理能力明显不足。第一，村镇地区的环保基础设施建设仍然处于落后状态，村镇人居环境"脏、乱、差"的状态依然较为普遍，污水处理、垃圾转运等环保设施和服务长期以来处于缺位状态，村镇地区环境保护与治理缺少必要的硬件条件；第二，村镇地区环境保护的机制体制仍然不完善，乡镇基层政府在村镇地区污染治理和环境保护问题上并没有建立起权责清晰的规章制度，导致责任分工不明确、治理措施不具体、治理工作难落实等一系列问题，阻碍了村镇地区生态空间保护工作的开展；第三，村镇地区的环境监管和督查仍然存在相当大的短板，受限于人员和经费，乡镇基层政府难以有效开展村镇产业污染监管和督查工作，无法及时掌握村镇地区的生态环境变化状况，也就难以实现对生态环境的实时监测和动态预警。

针对村镇社区在生态空间优化与治理方面存在的上述诸多问题，有必要对村镇社区进行系统和全面的规划，确定村镇社区产业禁限目录，明确产业发展方向和污染排放标准，完善村镇社区层级生态环境管理体制机制，加强环保宣传工作，提高居民环境保护意识。其中，最为基础和重要的是对村镇社区生态空间进行详细评价和规划，发现村镇社区存在的最主要生态问题和生态风险，因地制宜地制定村镇社区生态空间优化策略和路径，从而实现村镇社区良好生态环境的目标。

然而，现有规划体系在对村镇社区生态空间分析、评价和规划编制等各方面都存在明显不足，使得村镇社区生态修复和保护工作的开展面临诸多困难。这些不足主要体现在如下3个方面：

首先，现有的生态分析空间和评价规程大多是针对县级及以上尺度的，其侧重点在于区域之间的协调性而非面向空间方案的编制工作，因而在生态空间评价中所选用的相关指标大多较为宏观且数量较多。尽管这些数据获取和处理工作在县级及以上层级的政府部门中大多可以完成，但当同样的技术应用到村镇社区时，基层政府则可能由于办事人员的专业技能水平不够或资源获取能力有限等原因，难以收集齐生态空间分析和评价中所使用的全部数据。

其次，现有的生态空间评价方法和步骤相对复杂，评价流程的技术壁垒相对较高。鉴于乡镇国土空间规划和村庄规划量大面广、规划编制技术人员的专业水平有限等现实条件，村镇社区层级的规划编制工作可能难以严格按照当前生态评价空间技术指南的标准流程进行计算和分析；且以宏观尺度分析为基础的现有生态评价空间方法并不完全适用于村镇尺度，可能会导致分析过程和结果的偏误，甚至得到错误结论。

最后，现有的生态空间评价方法对村镇空间发展的动态性普遍缺乏重视。现有生态评价方法大多依赖特定时期的静态指标，难以根据村镇发展动态实施监测和预警，导致相关生态空间评价方法在村镇社区中的实用性不足。村镇社区生态优化面临的这些问题和挑战给国土空间规划体系中村镇社区"双评价"工作提出了更高的要求，有必要改进和完善村镇社区层级的生态空间评价和优化方法，为实现乡村振兴和生态文明建设提供技术支撑。

第4节 村镇社区生态空间评价与优化的总体思路

针对前文所述的村镇社区生态空间评价与优化面临的问题和挑战，本书试图建立一套适用于村镇社区尺度生态空间评价与优化的方法和流程。不同于县级及以上尺度，村镇社区尺度的生态要素及生态过程有其自身特点，需要在生态空间评价和优化中给予关注，不能完全套用其他尺度的生态空间评价和优化方法。

首先，村镇社区中各类生态要素相对而言更加微观，一些在宏观尺度上使用的指标可能在村镇社区尺度上并不适用。例如气温、降水等气候类型的生态要素常常在县级及以上生态空间评价中被使用，但在村镇社区内部，这些生态要素的空间差异可能非常小，也并不是导致村镇社区内部不同地方生态差异的主要原因；相反，土地利用在村镇社区尺度的生态空间评价与优化上可能起着更为重要的作用，在县级及以上尺度的生态空间评价工作中，常使用 100 m×100 m、1 km×1 km 分辨率或更低的经遥感或航片解译后的土地覆被数据作为基础数据，这一精度在宏观尺度的分析上是足够的，因为相对宏观尺度的分析中并不非常关注对宏观尺度整体生态格局影响非常有限的局部生态微过程。但是在村镇社区这一微观尺度上，生态微过程对生态空间评价和优化是至关重要的，这就要求村镇社区生态空间评价和优化以分辨率更加精细的数据作为基础，将生态微过程的影响纳入生态评价分析中，从而更为全面和符合实际地建立村镇社区生态空间优化与规划流程。

其次，如前文所述，村镇社区是人与自然相互作用最频繁的地域，对"社区"的强调也意味着"人"的参与在生态空间评价和优化中不可或缺，因而村镇社区尺度上生态敏感性、生态脆弱性、生态保护重要性等概念的内涵与宏观尺度之间存在明显差异，有必要重新认识和界定这些概念在村镇社区的具体含义。例如，在村镇社区微观尺度上，生态脆弱性内涵中的适应力变得尤为重要，这种适应力既包括生态系统本身在生态风险发生后的恢复能力，还包括村镇社区中人们的生态和环保意识、环境基础设施建设、资金投入等社会维度方面，这些因素同样也会对区域生态风险产生重要影响，需要纳入生态脆弱性范畴中。当然，其他概念在村镇社区尺度上也都需要再理解和再认识，本书后续章节中将对村镇社区生态空间评价和规划中相关概念的内涵进行详细说明。

最后，也正因村镇社区中人地耦合关系的重要性，村镇社区层面的生态空间评价和优化更需要面向现实问题和规划实施，而非仅仅提供概念性、协调性的评价结果和规划方案。在村镇社区中，"人"的存在不仅仅是作为污染源和环境干扰因素，更是作为潜在的治理环境污染和生态问题的有效主体。如何能够充分调动相关主体参与的积极性、降低人们参与生态空间优化的知识和信息门槛、通过生态空间评价和优化规划建构起村镇社区人地协调的生态空间格局，进而实现以良好生态空间为基础的乡村振兴，是村镇社区层面生态分析评价和规划的首要目标。因此，村镇社区生态空间评价和优化应当充分考虑村镇社区的实际情况，面向生态空间评价技术的使用者和生态规划的实施者，针对村镇社区生态问题，提高其在村镇社区的适用性、实用性和可用性，从而有效地为村镇社区生态空间优化提供参考和指导。

基于村镇社区生态评价与优化的前述特点，我们有必要重新思考和界定资源环境承载能力和国土空间开发适宜性评价在村镇社区应用时的具体内涵。正如《指南》中所指出的，村镇社区资源环境承载能力和国土空间开发适宜性评价应当被看作一个整体，即"本底评价"，并将其分为生态保护、农业生产和城镇建设等多个维度。其中，生态保护评价是进行农业生产与城镇建设承载能力和适宜性评价的基础、前提，只有在生态敏感性相对较低的地域范围内才可以进行农业生产和城镇建设的相关活动并进行相关评价。在村镇社区尺度，城镇建设功能相对较弱，建设用地占村镇社区全域面积的比例相比城市地区较低，进行城镇建设的承载规模评价意义不大；且由于承载能力通常需要考虑一个相对较大尺度内各类资源的统筹调配情况，因而在这种小尺度上进行承载能力评价并不科学，本区域内较高的承载能力可能用来支撑邻近的城市地区而非本村镇社区内部。因此，资源环境承载能力中的承载规模评价在村镇社区尺度可能并不适用。与之相比，由于在村镇社区中人与自然的互动更加频繁和密切，村镇社区尺度上的"双评价"更需要重视生态保护维度的本底评价，通过生态敏感性评价确定人与自然冲突最明显和严重、最需要迫切保护的区域，并在此基础上进行功能适宜性评价，划定人类各类活动的适宜区和不适宜区，以促进人与自然之间的良性互动和协调发展。

基于此，本书将着重探讨村镇社区尺度上生态敏感性与适宜性评价方法，并按照如下章节顺序安排全书内容（图1-1）：第2章对村镇社区生态要素分类体系进行探讨，生态要素作为生态空间评价和规划的基础，其合理分类和科学识别是评价结果准确可靠的保障和前提。村镇社区尺度与更宏观尺度的生态空间评价之间存在明显差异，这就要求对生态要素的分类进行创新，形成适用于村镇社区

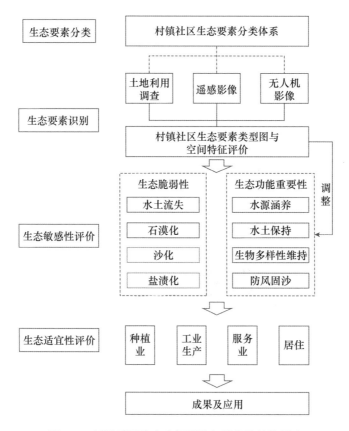

图 1-1 村镇社区生态空间评价与优化的总体思路

的、简便易行且科学合理的生态要素分类体系。第 3 章对遥感技术在村镇社区生态要素识别中的应用进行概要性的介绍，主要讨论村镇社区生态要素提取和识别的常用数据基础和处理方法。第 4 章探讨村镇社区典型生态要素的遥感识别技术方法，并在不同地区进行技术应用，为村镇社区生态敏感性与适宜性评价奠定数据和技术基础。第 5 章主要聚焦于村镇社区生态敏感性的评价方法创新，基于第 2、3 章中对生态要素的分类与识别，针对村镇社区关键生态问题及其尺度特点，形成村镇社区生态敏感性评价体系。第 6 章则在生态敏感性评价的基础上，在生态系统不敏感的区域展开村镇社区居住、工业、服务业等不同功能的适宜性评价，确定村镇社区范围内各类功能的适宜区和不适宜区，从而优化村镇社区生态空间格局。第 7 章则对村镇社区生态敏感性与适宜性"双评价"技术进行应用，通过实际案例应用来验证本书研发技术的可用性和适用性。

第 2 章　村镇社区生态要素分类

第 1 节　研究综述

以村镇社区生态系统保护与空间规划为目标的村镇社区生态要素指标体系可主要参考生态学和景观生态学两个学科领域中的相关研究进展。生态学通常从生态系统整体性出发，主要着眼于生态系统的综合评价和保护，力求全面和深入地理解与解释生态系统与其他系统之间的关系，能够为村镇社区生态要素指标体系构建提供科学和全面的基础性理论框架。景观生态学则通常着眼于异质性生态要素在空间上的特征、分布和相互关系，关注各要素的空间特征在生态上的影响，更具有微观尺度的实践可行性，能够为村镇社区生态要素的空间特征评价指标体系构建提供参考。此外，土地利用/土地覆被分类作为遥感和规划研究中广泛应用且较为成熟的分类体系，也常用于生态空间格局评价和优化规划中，探讨土地利用/土地覆被分类标准和相关研究进展也能够为生态要素指标体系构建提供一定启示。

1. 生态学中的生态要素及生态规划策略

生态系统是一定空间中共同栖居的所有生物及其环境之间由于不断进行物质循环和能量流动过程而形成的统一整体（李博，2000）。一般认为，组成生态系统的成分包括生物要素和非生物要素，二者缺一不可，非生物要素为生物提供生存空间和场所、供给物质和能量（盛连喜，2002）。随着全球性生态环境问题的加剧，如何保护生态系统、协调区域发展和自然环境之间的关系，寻求社会经济的持续发展，已成为当前学术界关注的重要课题，生态规划也随之兴起（肖笃宁 等，2002）。

生态规划强调运用生态系统整体优化的观点，对规划区内生态系统的人工生态因子和自然生态因子的动态变化过程和相互作用特征进行分析，研究物质循环和能量流动的途径，进而提出资源合理开发利用、环境保护和生态建设的规划对策，促进区域生态系统的良性循环，保障人与自然之间的和谐共生、协调发展（何璇 等，2013）。进行生态规划的基础工作是生态规划调查，其主要目的是充分了解规划区域的生态特征、生态过程、生态潜力和生态制约因素。生态规划调查的对象主要包含规划区内的气象条件、水资源、植被类型、地形地貌、土壤类型、人口密度、经济密度、产业结构与布局、土地利用现状、建筑密度、环境污染状况等可能对规划区生态产生任何影响的各类因子，这些生态因子在广义上也被称为生态要素（杨小艳 等，2017）。

生态规划对于协调城乡建设与环境保护关系、促进区域生态系统的可持续发展具有重要意义，但生态系统具有复杂性、多要素性等特点，传统生态规划的各生态因子或要素难以全面测量，尤其是在村镇层级进行数据收集的成本更高，数据的全面收集并不现实。如何恰当地选取生态因子表征生态系统特点，将生态规划与现行规划体系有效衔接，从而促进生态系统保护和修复、提高生态系统服务价值，逐渐成为规划界研究的热点和重点。

2. 景观生态学中的生态要素及生态规划策略

景观生态学概念最早是由德国地理学家特罗尔提出，用"景观生态"一词表示某区域中不同地域单位的自然和生物综合体的相互关系（肖笃宁 等，2010）。之后，景观生态学在欧洲和北美经历了长时间的发展，逐渐形成一门综合性学科，其研究对象和内容大致可以概括为三个方面，即景观结构、景观功能和景观动态。景观结构是指景观组成单元的类型、多样性及其空间关系；景观功能即景观结构与生态学过程或者景观结构单元之间的相互作用；景观动态则是指景观在结构和功能方面随时间的变化。这三者之间存在相互依赖和相互作用。与其他生态学学科相比，景观生态学注重空间异质性、等级结构以及尺度等在分析生态格局和生态过程中的重要性。空间格局及其变化如何对生态学过程产生影响始终是景观生态学学科的重要研究话题。也因此，景观生态学更突出空间结构和生态学过程在多个尺度上的相互作用，在时间、空间和要素组织等方面的研究比其他生态学科跨越范围更广，涉及的生态格局和生态过程层次更为丰富和多元。

景观生态规划是基于景观生态学原理，旨在帮助居住在自然系统中或利用自然系统中有限资源的人们找到一种最适宜的生活与生产途径的过程（McHarg, 1969）。进行景观生态规划的目标是通过土地及自然资源的保护利用规划，实现可持续的景观或生态系统。因此，景观规划的过程和目标与国土空间规划背景下促进"三生"空间协调可持续具有一致性，其相对清晰和完整的分析框架也能够为实际规划工作提供着力点，是进行村镇社区生态格局评价和优化规划的重要方法参考。

景观生态规划的重点是景观格局的分析和优化。景观格局指的是景观的空间格局，包括景观组成单元的类型、数目和空间分布配置。其中，景观是指一个由不同生态系统组成的镶嵌体，构成景观的基本单元是斑块、廊道和基质，这三者形成了景观的空间特征。斑块是在外貌上与周围地区有所不同的非线性的一块区域，廊道是与斑块相区别的呈现线形或带状的区域，基质则是范围最大、连通性最高、在景观功能上具有优势地位的景观单元类型。景观格局会影响生态过程，格局与过程往往存在紧密的联系，而前者相比后者更易识别和研究（邬建国，2000）。因此，在实际规划工作和实践中利用景观格局特征进行生态过程的监测、推演和评价是较为可行的途径。

虽然景观是由包括动植物、水体、土壤、地形、人类活动、气候在内的多种不同要素构成的，但景观格局分析的基础仍是斑块、廊道和基质等景观单元，其区分通常是不同的生态系统（王仰麟，1997）。这种分析框架就要求景观生态学家将真实景观的要素进行数量化和类型化，从而更加便捷地收集和处理景观数据、区分出不同的景观单元，以进行景观生态规划。常见的用于景观格局分析和景观生态规划的基础数据包括类型图和数值图：前者是空间非连续性的变量，如植被类型、土壤类型或土地利用类型等，是区分斑块、廊道、基质的主要数据基础；后者则是空间连续性的变量，如生物量的分布、种群密度的分布、气温或降水的分布、地形图等（王仰麟，1997）。乡村景观要素与区域或城市景观要素之间也存在明显差异，乡村景观空间具有其独特性，表现出与区域或城市景观截然不同的景观生态特征。乡村景观是介于自然景观和城市景观之间的具有独特人地关系和"三生"特点的景观类型，其斑块构成多为农田、果园、林地、湖泊等，廊道体系包括道路、河流、防护林带、高压走廊和电网等，基质则会随村落地理位置条件等因素的不同而不同，如平原农业区村落的乡村景观基质多为农田（倪凯旋，2013）。

近年来，随着计算机技术的发展，数据处理与分析能力持续提高，地理信息系统、遥感技术以及方法模型不断进步，大量的高分辨率、多光谱、多时相的影像数据被广泛用于景观生态学分析和规划工作，基于遥感或无人机影像的景观生态研究越来越多（谭克龙 等，2013；王晓晴 等，2018）。由于遥感影像的解译和地物类型划分不具有唯一性，因此在进行景观格局分析和规划时，学者对斑块、廊道和基质的识别也存在差异，仍然缺少相对统一的界定标准。此外，土地利用调查数据的不断完善和细化也催生了基于土地利用数据进行景观生态格局的分析研究和规划工作。相比遥感或无人机影像获取的较强的时效性和动态性，虽然基于土地利用调查数据的分析更加准确、精细及可比，但无疑在资料获取、动态更新等方面存在缺陷。如何合理构建村镇社区生态要素分类与识别体系，以提高土地利用调查数据和遥感、无人机等影像数据之间的衔接程度，最大限度地将两种数据源的优点进行结合，是促进村镇社区生态规划的必然要求。

3. 生态规划导向下的土地利用 / 土地覆被分类借鉴

土地利用 / 土地覆被分类的最新研究进展对村镇社区生态要素分类具有重要参考意义（彭建 等，2006；Frondoni et al.，2011）。通过土地利用 / 土地覆被分类，不仅可以了解各种土地利用 / 土地覆被类型的基本属性，还可以认识其结构特点，从而进一步分析各土地利用 / 土地覆被间生态意义的差异，构建村镇社区规划导向下的生态要素分类体系。目前虽然存在多种土地利用 / 土地覆被的分类体系，但尚无专门针对微观尺度的得到广泛认可的分类系统，更遑论生态规划导向下的村镇社区尺度的分类系统（喻锋 等，2015）。

目前，在生态规划导向下的土地利用 / 土地覆被分类仍未达成共识。已有研究根据人类活动对生态的干扰强度进行划分，体现了生态规划和保护思想在土地利用/土地覆被分类中的应用，例如欧洲土地利用体系包括森林、半自然区、沼泽地、水体等类别，但这些分类方法并不直接服务于生态规划（Capotorti et al., 2012；Commission of the European Communities, 2007）。为了加强土地利用管理，《中华人民共和国土地管理法》将土地资源分为三大类，即农用地、建设用地和未利用地，《土地利用现状分类》（GB/T 21010—2017）则分为耕地、林地、草地等12个一级类和水田、水浇地、旱地等73个二级类。同样，这些分类方式也并没有将生态保护作为重点，甚至并未专门提出"生态用地""生态空间"等相关概念。

尽管如此，"生态用地""土地的生态功能"等词仍在相关政策文件中被广泛提及，如《全国土地利用总体规划纲要》提出：充分发挥各类农用地和未利用地的生态功能，严格保护基础性生态用地，严格控制对天然林、天然草场和湿地等基础性生态用地的开发利用；规划期内，具有重要生态功能的耕地、园地、林地、牧草地、水域和部分未利用地占全国土地面积的比例保持在75%以上。《全国生态环境保护纲要》中指出"加强生态用地保护，冻结征用具有重要生态功能的草地、林地、湿地"。《全国主体功能区规划》中明确"严禁改变重点生态功能区生态用地用途"。因此，在强调生态保护的背景下，明确基于土地利用/土地覆被的生态要素分类对加强编制生态规划的科学性和合理性、促进规划执行和实施具有重要意义。

针对这一问题，学者从土地覆被状况、利用方式、生态功能等角度出发，进行了一系列研究并提出诸多分类方案，包括生态保护视角下的土地利用/土地覆被分类体系，并不断进行完善（表2-1）。

表2-1 部分生态用地分类方案

尺度或对象	文 献	层 级	生态用地分类
全国或区域	龙花楼 等，2015	一级	原生生态用地、半人工生态用地、人工生态用地
		二级	天然林地、天然草地、水域、滩涂、特殊生态功能用地、稀疏及无植被地、耕地、园地、人工林地、人工草地、绿化用地、道路防护绿地、人工水面、设施农用地

续表

尺度或对象	文献	层级	生态用地分类
区域（西北干旱区）	张红旗 等，2004	一级	人工型生态用地、自然型生态用地
		二级	农业绿洲、城镇绿洲、自然保护区、山地水源涵养区、天然绿洲、湿地、荒漠植被、夹荒地
区域	刘沛 等，2010	一级	人工生态用地、天然生态用地
		二级	自然保护区、防护林、水库、林地、草地、沙地、湿地、水域、裸岩、冰川、盐碱地
区域	邓红兵 等，2009	一级	自然土地、保护区用地、休养与休闲用地、废气与纳污用地
		二级	天然森林、天然草地、天然湿地与沼泽、沙漠、冰川与永久积雪、盐碱地、苔原、自然保护区、风景名胜区、防护用地、水体缓冲用地、交通绿化用地、疗养地、体育运动设施用地、观光农业用地、公共绿地及屋顶绿地、殡葬用地、废弃地、垃圾处理地
区域	张月朋 等，2016	一级	基础性生态用地、保全性生态用地、生产性生态用地、生活性生态用地
		二级	林地、草地、湿地、冰川与永久积雪、盐碱地、耕地、生产绿地、公园绿地、附属绿地、防护绿地
中小尺度（市域）	荣冰凌 等，2011	一级	林地、草地、水域、其他
		二级	林地、灌木林地、其他林地、草地、河流水面、湖泊水面、水库水面、坑塘水面、沿海滩涂、内陆滩涂、沟渠、沼泽地、冰川及永久积雪、空闲地、田坎、盐碱地、沙地、裸地
城市	邓小文 等，2005	一级	服务型生态用地、功能型生态用地
		二级	居民点及工矿绿地、道路绿地、城市防护林、人工水面、自然保护区、天然河道、湖泊、湿地、林地、草地
乡镇	陈婧 等，2005		自然保护区、林地、灌丛、草地、水体、湿地、苔原、沙地、盐碱地、裸岩及裸土地、冰川及永久积雪

这些分类方法或是基于国家土地利用分类标准进行的延伸和扩充，或是根据各类土地生态价值、生态功能或生态影响等进行的区分，尚未有统一的标准形式。有些分类方法的理论性较强、各类生态用地的区分较为详细，但其较难以与现行的土地利用监测、规划和管理体系相衔接，规划应用和实际操作的难度较大，在村镇社区规划工作中适用性差；而有些分类方法虽然已经在实际规划中进行了一些实践，但大多数是针对特定区域的案例研究，并不具有广泛的普适性和村镇社区微观尺度的针对性。生态规划导向下的土地利用/土地覆被的系统性研究和统一性标准仍然缺乏，难以有效指导规划实践。

第2节　生态要素概念界定

广义的生态要素包括气象条件、水资源、植被类型、地形地貌、土壤类型、人口密度、经济密度、产业结构与布局、土地利用现状、建筑密度、环境污染状况等所有可能对规划区生态产生任何影响的各类因子。在村镇社区空间规划中，一方面，通常难以将上述所有因子的资料进行收集和处理；另一方面，在村镇社区的尺度上，如气象条件、水资源、土壤类型等在规划区中的变异性很小，对生态用地布局规划的参考价值有限。不同于县级及以上国土空间规划重视全域各要素的整体评价和布局优化，村镇社区规划在上位规划的定位基础上，应主要着眼于微观尺度各类空间的合理安排，通过优化和改善村域生态空间与非生态空间之间、生态空间中各要素之间的微观布局关系，促进"三生"空间的协调可持续。这就要求村镇社区尺度生态规划要将土地利用格局优化作为核心任务之一，通过改善土地利用结构和布局，促进村域整体生态功能和生态服务价值的提升。

因此，基于村镇社区生态规划定位及其相关实践的启示，本书将村镇社区生态要素定义为在村镇社区内基于生态功能异质性区分出的不同土地利用/土地覆被类型。基于土地利用/土地覆被类型的生态要素定义和识别可以认为是对现有土地分类体系的延伸和扩展，对国土空间规划体系下的村镇社区规划有较强的适用性和可操作性，能够更科学明确地引导村镇社区的土地利用方向和模式，更好地体现村镇社区各类空间的生态功能差异，以促进村镇社区的生态功能提升和生态空间保育，为村镇社区生态空间格局优化奠定基础。

第3节　村镇社区生态要素分类体系

1. 构建原则

基于生态系统保护要求和前文所述的已有研究进展，本书依照生态要素反映不同生态功能和生态过程、以土地利用/土地覆被分类作为生态要素划分的基础等原则，构建村镇社区尺度生态要素分类体系，识别村镇社区主要生态要素类型，为生态要素评价和村镇社区生态空间分析、评价和优化提供基础。在进行村镇社区生态要素分类体系构建时，遵循科学性、简洁性和适用性等原则。具体如下：

科学性原则。村镇社区生态要素分类体系是支撑村镇社区"三生"空间格局和关系分析、面向科学有序布局村镇社区"三生"空间的基础性工作，该分类体系的建构必须遵循科学性原则，基于村镇社区尺度生态过程特征，适应微观尺度生态规划特点，反映生态要素之间生态功能和生态价值的区别和差异，保证村镇社区尺度各生态要素不重不漏，能够科学表征"三生"空间协调视角下的生态要素现状。

简洁性原则。村镇社区规划是面向村域或镇域的微观尺度规划，是国土空间规划体系中最底层和最基础的支撑性规划。村镇社区规划面向的地理范围较小，基础地理数据收集难度相对较高，且规划的实施主体为村镇基层工作人员，规划内容和实施手段不宜过于复杂和烦琐。因此，村镇社区生态要素分类体系应在科学性的基础上，强调分类的简洁性，从而加强村镇社区规划实施的简便性，有效促进村镇社区治理人员生态意识的提高。

适用性原则。村镇社区生态要素分类体系是村镇社区生态敏感性与适宜性"双评价"的基础，该分类体系需要满足"双评价"中对各生态要素各项指标的要求，从而能够有效支撑村镇社区生态格局的评价和分析工作。此外，该分类体系也是村镇社区生态格局优化规划的落脚点，因此各生态要素应当具有明确的内涵和界定，以适用于村镇社区的规划实施及动态监测工作。

2. 分类体系和类别含义

基于土地利用/土地覆被的生态要素分类体系不仅要实现对村镇社区范围的全覆盖，还需要保证生态要素之间的生态功能和生态过程存在明显差异、具有良好的区分度。生态要素不仅包括天然林地、天然草地、自然水域等具有明确生态价值和生态功能的土地利用类型，还需要将道路、宅基地等建设用地纳入，以反映人类活动对生态过程和生态功能的干扰与影响。因此，本书的村镇社区生态要素分类体系基于生产、生活和生态三大功能关系进行构建，重点关注各类生态要素的生态效应异同，并强调其在村镇社区规划工作的实用性。

以现行的国家标准《土地利用现状分类》为基础，结合各生态要素的生态功能与过程差异及村镇社区规划工作实际，将村镇社区生态要素分为林地、草地、园地、耕地、水域/滩涂、裸地/荒漠及其他生态用地、道路、建设用地8个大类；其中，道路和建设用地作为生态干扰因素，可分别再划分为7个小类，以更精细地探讨村镇社区中人类活动对生态系统的干扰程度，进而为生态适宜性和敏感性评价提供支撑（图2-1、表2-2）。不再对林地、草地、园地等生态功能要素进行进一步划分的原因是，在村镇社区微观尺度下，对上述生态要素的细分缺少

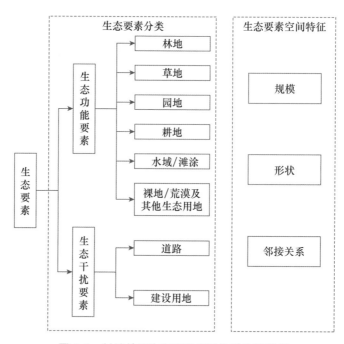

图2-1　村镇社区生态要素指标体系构建逻辑

表 2-2 村镇社区生态要素分类体系[①]

生态要素类型	大类名称	小类名称	类别含义	对应的土地利用现状分类
生态功能要素	林地	—	指生长乔木、竹类、灌木的土地，及沿海生长红树林的土地，可包括村镇社区范围内的成片绿化林木用地，铁路、公路征地范围内的成片林地，以及河流、沟渠的护堤林	乔木林地、竹林地、红树林地、森林沼泽、灌木林地、灌丛沼泽、其他林地
	草地	—	指生长草本植物为主的土地，可包括村镇社区范围内的绿化草地等	天然牧草地、沼泽草地、人工牧草地、其他草地、公园与绿地
	园地	—	指种植以采集果、叶、根、茎、汁等为主的集约经营的多年生木本和草本作物（包括用于育苗）的土地，具体包括果园、茶园、橡胶园，以及种植桑树、可可、咖啡、油棕等多年生作物的园地	果园、茶园、橡胶园、其他园地
	耕地	—	指种植农作物的土地，包括水田、水浇地和旱地等	水田、水浇地、旱地、田坎
	水域/滩涂	—	指陆地水域、滩涂、沟渠、沼泽、水工建筑物等用地，包括村镇社区内用于灌溉的水渠和沟渠、用于养殖的坑塘水面，还包括常年被冰雪覆盖的冰川和永久积雪区，但不包括滞洪区	河流水面、湖泊水面、水库水面、坑塘水面、沿海滩涂、内陆滩涂、沟渠、沼泽地、水工建筑用地、冰川及永久积雪
	裸地/荒漠及其他生态用地	—	指除上述生态要素之外的其他非建设用地，包括裸地、沙地、盐碱地等	空闲地、盐碱地、沙地、裸土地、裸岩石砾地

① 本分类体系中的"大类"与第三次全国国土调查中的"一级地类"并不一一对应，但可将第三次全国国土调查中的"二级地类"与本表中的"对应的土地利用现状分类"一列相匹配。

续表

生态要素类型	大类名称	小类名称	类别含义	对应的土地利用现状分类
生态干扰要素	道路	农村道路	在村镇社区范围内，用于村间、田间交通运输，并处于国家公路网络体系之外、以服务农村农业生产为主要用途的道路（包括机耕道）	农村道路
		城镇村内部道路	指村镇社区范围内的公用道路	城镇村道路用地
		县道及以下公路	指用于县道、乡道的公路用地，可不包括征地范围内的成片林地、草地等	公路用地中的乡道、县道
		省道	指用于省道的公路用地，可不包括征地范围内的成片林地、草地等	公路用地中的省道
		国道	指用于国道的公路用地，可不包括征地范围内的成片林地、草地等	公路用地中的国道
		高速公路	指用于高速公路的公路用地，包括高速公路的服务区、收费站等，可不包括征地范围内的成片林地、草地等	公路用地中的高速公路
		铁路或轨道交通	指用于铁路线路和轨道交通线路及场站的用地，可不包括征地范围内的成片林地、草地等	铁路用地、轨道交通用地

续表

生态要素类型	大类名称	小类名称	类别含义	对应的土地利用现状分类
	建设用地	工矿用地	指用于工业、采矿等生产的土地，包括盐田	工业用地、采矿用地、盐田
		住宅用地	指主要用于人们生活居住的宅基地及其附属设施的土地	城镇住宅用地、农村宅基地
		公共管理与公共服务用地	指用于机关团体、新闻出版、科教文卫、公用设施等的土地，也包括军事设施用地、使领馆用地等各类特殊用地	机关团体用地、新闻出版用地、教育用地、科研用地、医疗卫生用地、社会福利用地、文化设施用地、体育用地、公用设施用地、军事设施用地、使领馆用地、监教场所用地、宗教用地、殡葬用地、风景名胜设施用地
		交通场站用地	指村镇社区范围内的交通服务设施用地，包括公交站、公共停车场等，也包括机场用地、港口码头用地和管道运输用地	交通服务场站用地、机场用地、港口码头用地、管道运输用地
		商业服务业设施用地	指主要用于零售、批发、餐饮、旅馆、商务金融、娱乐和其他商业服务业的土地	零售商业用地、批发市场用地、餐饮用地、旅馆用地、商务金融用地、娱乐用地、其他商业服务业用地
		物流仓储用地	指用于物资储备、中转、配送等场所的用地，包括物流仓储设施、配送中心、转运中心等	仓储用地
		设施农用地	指直接用于经营性畜禽养殖生产、作物栽培或水产养殖等农产品生产设施及附属设施用地，直接用于设施农业项目辅助生产的设施用地，晾晒场、粮食果品烘干设施、粮食和农资临时存放场所、大型农机具临时存放场所等规模化粮食生产必需的配套设施用地	设施农用地

可行性和必要性：一方面，更精细化的生态功能要素的划分会增加识别难度，尤其是在空间范围较小、对影像空间分辨率要求较高的村镇尺度上更难以实现；另一方面，各大类中的生态过程、生态功能和生态服务已较为接近，一般而言，在村镇社区这一较小的空间范围内，各大类内部的异质性也相对较小。因此，参考简洁性原则和适用性原则，认为村镇社区生态要素分类体系不需要进一步细化林地、草地等生态功能要素的分类。

表 2-2 给出了本书划定的村镇社区生态要素分类体系结构，并将各生态要素与现行的《土地利用现状分类》进行了对应，为村镇社区生态要素识别和划定提供了一种可行的路径。除了基于全国土地利用现状等土地利用调查数据进行生态要素识别和划分之外，无人机航测、卫星遥感图像等新技术的发展也提供了长时序、高精度和动态性的多源数据，通过一次统计、二次统计、空间统计、分数维统计等多种分类算法，能够有效支持村镇社区规划中上述各生态要素大类的识别、提取和分析工作。因此，该村镇社区生态要素分类体系能够有效支撑村镇社区规划工作。

第 4 节 村镇社区生态要素空间特征评价

识别上述各类村镇社区生态要素后，进一步分析各生态要素的组合结构特征，对其空间特点和格局进行量化，以表征要素空间结构与生态过程之间的联系。结合无人机航测及遥感影像解译技术能力以及生态要素各空间特征的生态学意义，确定村镇社区生态要素空间特征的相关指标，以帮助科学合理评价村镇社区生态要素及其生态功能价值，为生态敏感性与适宜性评价和村镇社区生态格局优化规划奠定基础。

1. 规模、形态和边缘效应

从景观生态学视角看，生态要素的空间特征可以从规模、形状和边缘效应 3 个维度进行识别和评判。生态要素的规模对生态要素中的生态过程及其生态功能强弱有重要影响。一般而言，各生态要素内部的物质、能量等与生态要素的面积呈现正相关，但这种正相关可能并非呈现线性关系。以林地面积与其中的物种数量关系为例，开始时物种数量随林地面积增加而增加，可以近似认为是线性关系，但在林地面积达到一定规模后，这一增加趋势会越来越慢，直到最终停滞。对于建设用地等生态干扰要素，其对周边生态环境的影响同样也会随规模变化而变化，单个生态干扰要素斑块的面积越大，对周边生态环境产生的干扰和影响也会越大。

  生态要素的形状也对生态功能和过程有重要影响。自然形成的生态要素常表现出不规则的复杂形状，而人工生态要素如农田、水坝、宅基地等则往往表现出较为规则的几何形状。同种生态要素在面积一定的情况下，其形状会影响生态要素的生态功能和过程。在景观生态学中，学者常使用长宽比、周长面积比、分维数等指标反映生态要素斑块的形状特点，越接近圆形的生态要素斑块，其构型就越紧密。根据生态要素形状和功能的一般性原理，紧密型形状在单位面积中的边缘比例相对较小，有利于生态要素保蓄能量、养分，提高生境稳定性；而松散型形状的生态要素与外界的能量、物质、生物的交换更加频繁和剧烈，生态要素间的相互作用会加强。

  边缘效应（edge effects）是景观生态格局评价的另一重要维度。所谓边缘效应，是指生态要素边缘部分由于受到外围影响而表现出的与中心区域不同的生态学特征的现象（Riutta et al., 2014）。生态要素边缘区域在气象条件，物种组成，生物、地球、化学循环等方面都可能与核心区域存在差异。已有研究大多利用边缘效应这一概念探讨生境边缘处的生物多样性变化问题，认为生境边缘由于多样化的生态过程和栖息环境，区域内物种数量和种类呈现出与生境核心区域截然不同的特点（Murcia，1995）；随着对边缘效应研究的不断深入，也有部分研究开始重视边缘效应对生态系统功能的影响（Peng et al., 2022）。但是，边缘区域的界定存在很强的主观性，生态要素的边缘宽度需要根据研究对象和研究尺度进行确定，相关研究仍相对较少（王巍巍 等，2012；李晓燕 等，2014；角媛梅 等，2004；Marulli et al., 2005）。此外，边缘效应还会受到相邻生态要素的影响，不同生态要素之间的相互作用过程存在差异，需要进一步考虑生态要素间的邻接关系特点，从而更加科学合理地反映生态要素的边缘效应。

  前文所述的生态要素规模、形状和边缘效应都能够通过一定指标进行反映。生态要素空间特征对生态过程产生影响，本质上是不同生态要素中生态过程不同导致的，相邻生态要素间生态过程差异越大、关联越小，生态功能的相互影响程度就越大。生态要素规模维度可直接使用生态要素面积表征，对于生态功能要素而言，面积越大意味着能够提供的生态功能及对周边的影响程度越强，且更不容易受到周边生态干扰要素的负面影响；对于生态干扰要素而言，更大的面积通常承载着更强的人类活动，因而也会对周边其他生态要素产生更剧烈的影响。形状维度着眼于不同生态要素之间的相互作用对生态要素的影响范围，而这种相互作用实际上就是边缘效应；边缘效应既包括生态要素受到周边环境影响的效应，又包括生态要素对周边环境产生影响的效应，因而需要进一步考量各不同生态要素之间的相互影响方式。因此，识别生态要素的空间邻接关系，确定不同生态要素之间的影响强度与影响范围，并依据不同生态要素的规模对该影响进行系数调整，是进行村镇社区生态要素空间特征评价的基本逻辑，也是本书在微观尺度上的创新点之一。

2. 生态要素空间特征指标体系

生态要素之间的邻接影响虽然被广泛承认，但现有研究较少从这一视角分析生态功能的受影响程度。从邻域关系视角分析生态要素的空间特征，在村镇社区尺度的"双评价"工作中必要且富有意义。在国家发布的县级尺度《指南》的基础上细化村镇尺度"双评价"结果有两个可行的路径：其一是提高基础数据的分辨率，从而能得到更加精细化的评价结果，但是村镇范围内各要素的同质性相对较强，数据精度提升带来的"双评价"结果的精细化程度有限。其二是从村镇尺度的微观特性考虑，除了已有的《指南》中的"规定动作"，还可针对微观尺度生态要素之间的相互关系进行进一步的探讨，从前文所述的规模、形状和边缘效应入手，精细化分析生态要素的邻接关系及其生态影响。此外，生态要素的空间邻接关系和邻域影响的探讨也能够为村镇生态格局优化提供抓手，村镇微观尺度的生态空间优化策略需要落实到具体地块的安排上。从国家规定的"双评价"流程中，较难判断村镇生态空间格局优化的方向和区域，难以提出相应的微观优化规划策略；从空间邻接关系和邻域影响的角度进行"双评价"结果的优化，能够结合评价结果，更有针对性地提出空间优化策略和方案。

村镇尺度精细化的生态要素邻接关系和邻域影响分析需要更具体的生态影响系数，但现有研究对各相邻生态要素之间的邻域影响强度和最大影响范围仍缺乏讨论，无法支撑村镇社区尺度生态要素空间特征评价体系的构建。因此，本书采用专家打分法确定相邻生态要素间的生态影响系数和最大影响范围。其中，生态影响系数的取值为−1到1，−1表示风险源使得与其相邻的风险受体的生态功能完全丧失，0表示风险源不会对与其相邻的风险受体造成任何的生态影响，1表示风险源会使与其相邻的风险受体的生态功能显著提升。不同生态要素之间的相互影响范围也存在差异，因此需要对各生态要素间影响范围进行专家打分。道路和建设用地是生态干扰要素，不具备生态功能，本书仅将其作为风险源进行考量。此外，对于能获取到更精细化的道路和建设用地的村镇社区，还需要进一步考虑不同等级、用途的道路和建设用地上不同具体事物的差异，将道路细分为农村道路、城镇村内部道路、县道及以下公路、省道、国道、高速公路、铁路或轨道交通7类，将建设用地细分为工矿用地、住宅用地、公共管理与公共服务用地、交通场站用地、商业服务业设施用地、物流仓储用地、设施农用地7类。

按照上述过程形成专家打分表，交由5名相关领域专家进行打分，并对结果进行处理和计算，得到最终的生态要素邻域影响强度和最大影响范围（表2-3至表2-5）。

表2-3 生态要素邻域影响强度

风险源	风险受体					
	林地	草地	耕地	园地	水域/滩涂	裸地/荒漠
林地	—	0.27	0.27	0.17	0.43	0.6
草地	−0.13	—	−0.07	−0.07	0.27	0.37
耕地	−0.23	0	—	0	−0.07	0.1
园地	−0.17	0	0.27	—	0.23	0.2
水域/滩涂	0.43	0.43	0.33	0.37	—	0.53
裸地/荒漠	−0.3	−0.17	−0.23	−0.27	−0.27	—
道路	−0.13	−0.07	−0.17	−0.1	−0.07	−0.03
农村道路	−0.04	−0.02	−0.05	−0.03	−0.02	−0.01
建设用地	−0.37	−0.3	−0.23	−0.3	−0.37	−0.1

表 2-4　生态要素邻域最大影响范围　　　　　　　　　　　　单位：m

风险源	风险受体					
	林地	草地	耕地	园地	水域/滩涂	裸地/荒漠
林地	—	63.3	76.7	53.3	116.7	66.7
草地	23.3	—	46.7	33.3	63.3	36.7
耕地	46.7	50	—	50	100	43.3
园地	46.7	60	70	—	86.7	56.7
水域/滩涂	66.7	76.7	116.7	83.3	—	66.7
裸地/荒漠	43.3	66.7	83.3	53.3	56.7	—
道路	53.3	66.7	200	60	63.3	33.3
农村道路	53.3	66.7	200	60	63.3	33.3
建设用地	100	120	213.3	220	226.7	76.7

表 2-5　道路和建设用地生态影响强度调整系数

道路细类	农村道路	城镇村内部道路	县道及以下公路	省道	国道	高速公路	铁路或轨道交通
调整系数	0.3	0.57	0.77	1.07	1.43	2	1.43
建设用地细类	工矿用地	住宅用地	公共管理与公共服务用地	交通场站用地	商业服务业设施用地	物流仓储用地	设施农用地
调整系数	3.67	0.7	1.1	1.47	1.33	1.67	0.43

在通过上述系数表进行邻域影响计算后，考虑生态要素规模不同导致生态功能影响强度不同，还可以进一步识别研究区范围内各生态要素斑块的面积，并以此为基础确定生态影响的规模调整系数。目前鲜有研究探讨各类生态要素对周边影响强度和范围如何随其规模变化而变化，在实际的生态环境评价工作中的一种可行方法是，假设各生态要素规模大小仅改变其领域影响强度而不改变领域影响范围，由于生态要素规模对周边的影响程度缺少绝对标准，因此可以采用研究区范围中同一生态要素各斑块的相对大小确定规模调整系数，将各生态要素中具有中位数面积的斑块作为基准（规模调整系数为 1），其他斑块的规模调整系数依照面积之比进行计算，从而得到最终的生态要素空间特征评价结果。在本书后续实际应用案例中，为了简便起见，均没有考虑生态要素规模大小在对周边生态功能影响上的差异性。

第 5 节　小　　结

本章在国土空间规划《指南》的基础上，针对村镇社区微观尺度特点，归纳总结形成能够指导村镇社区生态敏感性与适宜性"双评价"工作、反映微观尺度生态过程和生态功能特征的生态要素指标体系，并根据景观生态规划原理，提出了生态要素的空间评价路径，解决了生态要素的景观生态学特征如何与村镇社区"双评价"衔接的问题。本章提出的村镇社区生态要素分类指标体系基于土地利用/土地覆被的相关研究和标准建构，能够基于多源数据进行生态要素的识别和划分，既能够与现行的《土地利用现状分类》衔接，又能较为简便地通过对遥感影像、无人机航测图像等数据解译进行各生态要素的识别，在顾及科学性和合理性的同时，也使得研究结果在实际规划工作中更加具有可行性和可操作性。

相比现有的生态要素指标体系，本章构建的村镇社区"三生"协调的生态要素指标体系至少具有以下 3 方面优势：

首先，该指标体系区分了生态功能要素和生态干扰要素，不仅关注提供生态功能的要素，还包含可能对生态系统或生态功能产生负面影响的要素，为探索生态功能与生产和生活功能之间的关系，进而优化"三生"空间格局奠定了基础；

其次，该指标体系除了给出生态要素的分类体系外，还加入了反映各要素空间特征的规模、形状、邻接关系等多项指标，以实现村镇社区微观尺度下更加精细化的生态格局评价；

最后，该指标体系具有村镇尺度上的简洁性和适用性，仅区分了 8 个生态要素一级类，各生态要素之间存在较为明确的生态学性质差异，在保证科学性的基础上提高了指标体系的村镇社区尺度规划的适用性。

目前，国家在"双评价"工作上仅对县级及以上尺度进行了相关规定，提出了技术指南，但对人与环境互动更加频繁、作为生态规划实施基本层级的村镇尺度有所忽视。本章重点关注了村镇尺度生态规划的微观特点和规划工作实施的可行性，探索了村镇社区生态要素分类体系及空间特征指标体系，为村镇社区"双评价"和相关规划的进行奠定了基础，符合微观尺度规划的要求和特点。

第3章 基于遥感的村镇社区生态要素识别

第1节 遥感技术的应用优势

遥感（remote sensing）是指从远处探测、感知物体或事物的技术，即不直接接触物体本身，从远处通过传感器探测和接收来自目标物体的信息，并对信息加以处理分析，从而实现识别物体及其分布特征和规律的技术。

遥感可作为一种快速获取地球空间信息的技术和手段，在信息社会中的作用越来越重要。遥感不仅服务于国民经济和国防建设，也可服务于大众民生，是空间信息与位置服务的主要信息源。当前遥感已经形成从地面到空中乃至空间，从信息数据收集、处理到判读分析和应用，对全球进行多层次、多视角、多领域监测的体系，是地球资源与环境信息获取的重要手段。美国的信息科技巨头，如谷歌、微软、苹果等，都把遥感影像相关的空间信息作为基础信息。2004年1月，著名学术期刊《自然》（Nature）刊文介绍美国劳工部将与遥感密切相关的空间技术、纳米技术和生物技术并列为21世纪最具发展前途和最有潜力的三大高新技术。

相对于传统的野外调查手段，利用卫星遥感技术进行地表探测主要具有以下优势和特点：

一是空间观测范围广。一景美国陆地卫星（Landsat）专题制图仪（Thematic Mapper，TM）图像可覆盖地面范围为 34 225 km^2（即 185 km×185 km），比地面调查、航片覆盖范围大得多。从这种意义来讲，利用遥感技术有助于宏观、综合研究全球环境等问题。

二是数据获取速度快、周期短。传统实地测绘需要历经多年重复一次,而卫星的重访周期则通常以天计,通过卫星组网模式构建的卫星星座的重访周期则可达每天数十次(例如,截至 2022 年 8 月,"吉林一号"星座在轨卫星数量达 70 颗,每天可对全球任意点进行 23～25 次重访)。另外,卫星遥感影像通常为瞬时成像,能够获得同一瞬间大面积区域的景观实况。通过对比与分析不同时相影像,能为地物动态变化状况、发展演化规律研究与分析提供保障,为病虫害、洪水、污染及其他自然灾害等对时效性要求高的灾情预报、抗灾救灾工作提供可靠的科学依据和决策支持。

三是可深入地面工作难以开展的条件恶劣地区。有些地区因受地形阻隔、交通不便等自然或经济条件限制,利用传统的地面实测手段难以完成资源调查。遥感技术在获取这些地区的影像资料方面更加便捷,具有地面调查不可比拟的优势,从而为研究各种自然、社会现象及其空间分布规律提供数据支持。

四是获取信息量大。遥感使用的电磁波波段远远超出了人眼所能感知的可见光光谱范围。例如,雷达遥感由于使用微波,可以不受制于昼夜、天气变化,使人类能够对地球进行全天时、全天候的观测。

五是空间详细程度不断提升。米级、亚米级甚至厘米级、毫米级的高空间分辨率卫星成像及航空摄影等技术的发展与应用,为地球影像微观信息获取开拓了一个更快捷、更经济的途径,能够推动更大比例尺的测图、军事目标动态监测及国家级、省级、市县级数据库的建设、更新。

目前,遥感已广泛应用于农业、林业、水文、地质、矿产、测绘、大气、海洋、军事及环境等各种领域,深入很多学科中。而遥感成果获取的快捷和高效等优势,正促使其以强大的生命力展现出更加广阔的发展前景。

第 2 节　生态要素信息提取的微观数据基础

目前,遥感卫星数量、类型众多。根据遥感观测的对象,主要分为对地遥感卫星、月球遥感卫星以及行星遥感卫星。其中,根据对地观测的领域,可以将对地遥感卫星分为陆地、大气和海洋三大系列。本节主要介绍面向村镇社区尺度对地观测的国内、国外中高分辨率遥感卫星。

1. 中等分辨率遥感卫星数据

第二次世界大战后，美国发射了世界第一颗遥感卫星，开启了遥感对地观测的先河，陆续发射的系列卫星为遥感技术在军事、资源与环境调查、气候研究与地球系统科学领域的应用奠定了坚实的基础。从20世纪70年代开始，在民用领域，美国制订了陆地卫星长期观测计划，调查和分析全球地质构造和矿产、农业、渔业、土地等自然资源，监测全球环境变化，辅助政府管理和决策。自1972年7月23日美国国家航空航天局（NASA）发射第一颗陆地卫星（Landsat-1）以来，至今已发射9颗（第6颗发射失败）。美国地质调查局（United States Geological Survey，USGS）负责发射后的校准活动、卫星操作、数据产品生成和数据存档。从20世纪90年代末开始，美国和欧盟主导了全球对地观测战略，如地球观测系统（EOS）、欧盟第七研究框架（FP7）、地平线2020及哥白尼计划等大型科研计划，形成了对陆地、大气和海洋的长期、综合性全球观测，以进一步服务于全球变化研究、国民经济建设和人类可持续发展等战略目标。由欧洲航天局（ESA）研制的Sentinel系列卫星是哥白尼计划空间部分的专用卫星系列，主要包括2颗Sentinel-1卫星、2颗Sentinel-2卫星、2颗Sentinel-3卫星、2个Sentinel-4载荷、2个Sentinel-5载荷、1颗Sentinel-5的先导星——Sentinel-5P以及1颗Sentinel-6卫星，主要用于陆地、海洋、大气环境、空气质量等监测研究。SPOT卫星是法国空间研究中心（CNES）研制的一种地球观测卫星系统，该系列卫星至今已发射SPOT 1～7号卫星，主要在农业遥感、土地规划、森林保护、环境监测、海事监管、石油工业等领域得到应用，其中由SPOT 6、SPOT 7与Pleiades 1A、Pleiades 1B组成的四颗卫星星座同处一个轨道平面，彼此之间相隔90°，在绘制基本地形图和专题图方面有更广泛的应用。日本ALOS卫星采用了先进的陆地观测技术，主要应用目标为测绘、区域环境观测、灾害监测、资源调查等领域。

我国自20世纪70年代开始发展独立自主的遥感对地观测体系，除发展航空遥感之外，还发展了资源、气象、海洋、环境减灾四大民用遥感系列卫星和军事遥感系列卫星。我国从20世纪70年代开始研制气象卫星，目前已拥有多颗极轨卫星和地球同步风云气象卫星系列，是继美国、俄罗斯之后世界上同时拥有两种轨道气象卫星的国家。除军事遥感卫星以外，我国从1999年发射"资源一号"卫星以来，相继发射了"资源一号02B""资源一号02C""资源二号""资源三号"和"资源四号"卫星，形成了资源遥感卫星系列。我国分别于2002年和2007年发射了"海洋一号A"和"海洋一号B"，目前形成了海洋卫星系列。2008年我国发射了环境系列小卫星星座，包括2颗光学小卫星"HJ-1A""HJ-1B"和1颗合成孔径雷达小卫星"HJ-1C"。2006年，我国实施"高分专项"计划，14颗高分遥感卫星相继发射升空，初步形成了从秒级到几十天级的全天时、全天候观测能力，实现了亚米级高空间分辨率、多光谱、多极化与高时间分辨率光学和雷达影像的有机结合。此外，近年来我国商业遥感小卫星也在迅速发展，包括"北京一号""北京二号""吉林一号""高景一号""珞珈一号""珠海一号"等。

具体到村镇社区尺度，须重点关注林地、草地、园地、耕地、水域/滩涂、裸地/荒漠、其他生态用地等生态功能要素，以及各级道路和建设用地等生态干扰要素。因此，村镇社区生态要素识别所用到的主要数据源是空间分辨率优于30 m的卫星观测数据，在本章将做一个简要回顾。相关遥感卫星技术指标见表3-1。

表3-1 中等分辨率遥感卫星技术指标

卫星	发射时间	国家或地区	波段（光谱）	传感器	空间分辨率/m	重访周期	成像幅宽/km
Landsat-1	1972年7月23日	美国	4（0.5～1.1 μm）	MSS	60	18 d	185
Landsat-2	1975年1月22日	美国	4（0.5～1.1 μm）	MSS	60	18 d	185
Landsat-3	1978年3月5日	美国	4（0.5～1.1 μm）	MSS	60	18 d	185
Landsat-4	1982年7月16日	美国	7（0.45～12.5 μm）	TM	30	16 d	185
Landsat-5	1984年3月1日	美国	7（0.45～12.5 μm）	TM	30	16 d	185
Landsat-7	1999年4月15日	美国	8（0.45～12.5 μm）	ETM+	30	16 d	185
Landsat-8	2013年2月11日	美国	11（0.43～12.51 μm）	OLI	30, 15	16 d	185

续表

卫星	发射时间	国家或地区	波段（光谱）	传感器	空间分辨率/m	重访周期	成像幅宽/km
Landsat-9	2021年9月27日	美国	11（0.43～12.51 μm）	OLI-2	30，15	16 d	185
Planet	2014年1月	美国	4（0.42～0.86 μm）	PS0，PS1，PS2	3～5	1～2 d	24
RapidEye	2008年8月29日	欧盟	5（0.44～0.85 μm）	REIS	5	1 d，5.5 d	77
SPOT 6，SPOT 7	2012年9月9日，2014年6月30日	法国	4个多光谱波段+1个全色波段（0.45～0.89 μm）	NAOMI	6，1.5	2次·d^{-1}①	60
Sentinel-2A，Sentinel-2B	2015年6月23日，2017年3月7日	欧盟	13（0.44～2.2 μm）	MSI	10，20，60	5 d	290
ALOS	2006年1月24日	日本	4个多光谱波段+1个全色波段（0.42～0.89 μm）	PRISM，AVNIR-2，PALSAR	多光谱为10，全色为2.5	2 d	70
CBERS-02B	2007年9月19日	中国	5（0.45～0.73 μm）	CCD	19.5	26 d	113
HJ-1A	2008年9月6日	中国	4（0.43～0.90 μm）	多光谱，高光谱	30	4 d	360
GF-1	2013年4月26日	中国	4个多光谱+1个全色（0.45～0.89 μm）	16 m和8 m多光谱，全色	16，8，2	4 d	16 m为800；8 m/2 m为60
GF-6	2018年6月2日	中国	4个多光谱+1个全色（0.45～0.89 μm）	16 m和8 m多光谱，全色	16，8，2	4 d	16 m为800；8 m/2 m为>90

① SPOT 6、SPOT 7与Pleiades 1A、Pleiades 1B组成四颗卫星星座，该星座具备每天2次的重访能力。

2. 高分辨率（米级、亚米级）遥感卫星数据

近年来，随着米级、亚米级高分辨率遥感卫星技术的不断拓展，其产品也已广泛应用于生态要素信息提取及生态环境监测、国土规划等领域。

美国 DigitalGlobe 公司是全球著名的高分辨率商业影像数据提供商。2001 年 10 月 18 日，QuickBird 卫星由该公司发射成功，其空间分辨率为 0.61 m，是世界上最先提供亚米级分辨率的商业卫星。WorldView 卫星是其下一代商业成像卫星系统，其中，WorldView-4 和 WorldView-3 是目前全球分辨率最高的商业遥感卫星，并组成星座在距离地球 617 km 的高空以平均 2 次 $\cdot d^{-1}$ 的速度为全球用户采集高清影像。

中国高分系列卫星是"高分专项"所规划的高分辨率对地观测的系列卫星。高分一号（GF-1）卫星是中国高分辨率对地观测系统的首发星，该卫星突破了高空间分辨率、多光谱与宽覆盖相结合的光学遥感等关键技术。高分二号（GF-2）卫星是我国自主研制的首颗空间分辨率优于 1 m 的民用光学遥感卫星，具有亚米级空间分辨率、高定位精度和快速姿态机动能力等特点。高分七号（GF-7）卫星采用主被动光学复合测绘新体制，卫星上搭载了双线阵相机、激光测高仪等有效载荷，不仅具备同轨道前后视立体成像能力及亚米级空间分辨率优势，还能利用激光测高仪获得高精度高程信息，提升光学立体影像在无控条件下的高程精度（表 3-2）。

表 3-2　可用于生态要素信息提取的米级亚米级遥感卫星

卫　星	发射时间	国家或地区	波段（光谱）	传感器	空间分辨率/m	重访周期	成像幅宽/km
WorldView-4（GeoEye-2）	2016 年 11 月 11 日	美国	4 个多光谱波段＋1 个全色波段（0.45～0.92 μm）	多光谱，全色	1.24, 0.31	1 d	13.1
IKONOS-2	1999 年 9 月 24 日	美国	4 个多光谱波段＋1 个全色波段（0.45～0.90 μm）	多光谱，全色	4, 1	1～3 d	11.3

续表

卫　星	发射时间	国家或地区	波段（光谱）	传感器	空间分辨率/m	重访周期	成像幅宽/km
Quickbird	2001年10月18日	美国	4个多光谱波段+1个全色波段（0.45~0.90 μm）	多光谱，全色	2.44，0.61	1~6 d	16.5
Geoeye-1	2008年9月6日	美国	4个多光谱波段+1个全色波段（0.45~0.92 μm）	GIS	1.64，0.41	1.7 d，4.6 d	15.2
Pleiades 1A，Pleiades 1B	2011年12月17日，2012年12月2日	法国	4个多光谱波段+1个全色波段（0.45~0.92 μm）	HiRI	2，0.5	1 d[①]	20
GF-2	2014年8月19日	中国	4个多光谱+1个全色（0.45~0.90 μm）	多光谱，全色	3.2，0.8	5 d	45
GF-7	2019年11月3日	中国	4个多光谱+1个全色（0.45~0.90 μm）	多光谱，全色	≤3.2，≤0.8	5 d	≥20

除卫星遥感以外，以高空有人机、中空有人机、低空有人机、低空无人机、飞艇等作为航空飞行平台的航空遥感（又称机载遥感）是卫星遥感的有益补充，其数据也在村镇社区生态要素信息提取方面得到广泛应用。航空遥感主要采用航空摄影光学相机、数字航空摄影系统、机载雷达（激光 LiDAR、SAR、INSAR）、机载航空成像光谱仪等开展航空遥感测量，它在获取陆地、海洋、大气电磁波信息、几何形态信息，开展地球系统要素探测、区域资源环境演变规律研究、地球系统响应研究中发挥重要独特作用。

---

① Pleiades 1A 和 Pleiades 1B 组成的双星座可以实现全球任意一点每天重访。

第 3 节　基于遥感的生态要素分类方法

1. 遥感数字图像预处理

遥感影像是根据不同地物在各波段的光谱特征进行地物探测与记录的数据，因此，充分利用地物在遥感影像不同波段光谱特性的差异，结合遥感器本身的波段设置、地面物体的几何特征，在地物分类方案与尺度要求的基础上进行波段的筛选和组合，可以有效识别影像上的各种地物。由于某些地物类型（如湿地）的丰富多样性和复杂性以及分类体系等部分基础工作尚未统一，完全的计算机分类方法受到限制，这些地物识别分类的主流模式目前还是与计算机分类相结合的半自动模式。比较常用的技术方法包括应用多波段复合、地物景观与季相差异的多时相复合以及多遥感平台间的复合等多源遥感数据融合方式。

遥感数字图像预处理是指用计算机对遥感数字图像的操作和解译，它是遥感应用分析中十分重要的部分。数字图像是由一系列像元组成，每个像元有一数字（digital number，DN）表示，称为像元的亮度值或灰度值。通常，我们用 x 和 y 方向上的像元数、光谱波段数以及用来记录每个波段及像元的灰度级所需要的比特数来概括一幅遥感数字图像。

遥感图像处理涉及的内容很宽泛，包括许多较复杂的数学模型、算法和软件，并与应用目标紧密相关。主要内容包括辐射校正、几何校正、数字图像镶嵌和图像统计等。其中，辐射校正包括遥感器校正、大气校正以及太阳高度和地形校正。几何校正需要根据图像中几何变形的性质、可用的校正数据、图像的应用目的，来确定合适的几何纠正方法。当研究区超出单幅遥感图像所覆盖的范围时，通常需要将两幅或多幅图像拼接起来形成一幅或一系列覆盖全区的较大图像，这个过程就是数字图像镶嵌。图像统计是对多光谱遥感数据进行基本的单元和多元统计分析，通常会为显示和分析遥感数据提供许多必要的有用信息。它是图像处理的基础性工作。这些统计分析通常包括计算图像各波段的最大值、最小值、亮度值的范围、平均值、方差、中间值、峰值，以及波段之间的方差、协方差矩阵、相关系数和各波段的直方图。

2. 生态要素信息提取及分类方法

遥感卫星是地球大数据的重要载体。遥感卫星影像数据类别多，同物异谱、异物同谱等问题增加了影像分类的难度，如何解决多类别分类识别，并满足所获取的地球空间信息及其动态变化规律达到理想的分类精度，成为当前遥感卫星影像分类方法研究中的一个关键问题，也是人们关注的焦点。早在20世纪70年代，人们就开始探索如何利用计算机基于卫星遥感图像进行地物识别和分类。总的来说，目前的遥感分类方法可以归结为以下几大类。

（1）人工目视解译

20世纪70年代，人们利用计算机进行卫星遥感图像解译研究，主要方法就是遥感图像目视解译（或称目视判读）。人工目视解译是指专业人员通过直接观察或借助判读仪器在遥感图像上获取特定目标地物信息的过程，这是一种传统的遥感分类方法。这个过程主要由解译人员借助直接判读标志（如色调与颜色、形状、大小、阴影、纹理、图案、位置等）或间接解译标志（如目标地物与周围环境的关系、与成像时间的关系、相关指示特征等），依据地物分类体系对图像进行判读，从而获取土地利用/土地覆被的分类。

目视解译方法操作简单，但是耗时费力，而且很大程度依赖于解译人员经验和水平。在计算机分类方法出现之后，该方法往往和自动分类技术结合使用，即人机交互目视解译，能够很大程度提高遥感分类效率。

（2）基于统计理论的分类方法

20世纪80年代，主要的分类方法是利用统计模式识别方法进行遥感图像的计算机分类，这种方法的特点是根据图像中地物的光谱特征对影像中的地物进行分类。根据分类前是否需要获得训练样本类别作为先验信息，可将本方法分成两大类——监督分类和非监督分类。

监督分类是指在训练样本类别已知的情况下，从训练集出发得出各个类别的统计信息，然后根据这些统计信息结合一定的判别准则对所有像素进行判别处理，使具有相似特征并满足一定判别准则的像素归并为一类。常用的监督分类方法包括最大似然法、最小距离法、马氏距离法、平行六面体、波谱角等。

非监督分类是在没有先验知识的情况下，通过计算机采用一定的聚类算法对图像进行聚类统计分析的方法，如ISODATA算法、K-means算法等。

（3）人工智能分类方法

人工神经网络（ANN）是以模拟人脑神经系统的结构和功能为基础而建立的一种数据分析处理系统，具有对信息的分布式存储、并行处理、自组织、自学习等特点，通过许多具有简单处理能力的神经元的复合作用而具有复杂的非线性映射能力。

决策树分类方法最早产生于 20 世纪 60 年代到 70 年代末。该方法首先进行数据处理，利用归纳算法生成可读的规则和决策树，然后使用决策对新数据进行分析。本质上，决策树是通过一系列规则对数据进行分类的过程。

专家系统分类方法是一种智能化的计算机程序或软件系统，能够像专家一样分析和解决复杂的实际问题。专家系统分类的关键是知识的发现和推理技术的运用。

遗传算法（GA）是由美国密歇根大学 John H. Holland 教授于 1975 年首先提出的。遗传算法抽象于生物体的进化过程，通过全面模拟自然选择和遗传机制，形成一种具有"生成＋检验"特征的搜索算法。

（4）面向对象的分类方法

面向对象的分类方法是一种面向对象的影像分割技术，其最重要的特点就是分类的最小单元是由影像分割得到的同质影像对象（图斑），而不再是单个像素，可以实现较高层次的遥感图像分类和目标地物提取。面向对象的分类方法不仅利用地物本身的光谱信息，而且充分利用地物的空间信息，包括形状、纹理、面积、大小等要素，因此可以提高信息提取的准确性和可靠性。

（5）多源信息复合分类法

随着遥感和计算机信息技术的飞速发展，航空航天遥感传感器数据获取技术趋向于"三多"（多平台、多传感器、多角度）和"三高"（高空间分辨率、高光谱分辨率、高时相分辨率）。因此，多源信息复合分类法可以充分利用已有遥感信息资源，是提高遥感分类精度的有效方法。多源信息复合分类法主要包括基于影像纹理信息结构的分类法、基于时相信息的频谱分析法、基于多角度信息的分类法、基于多分类器的分类法、基于地学专家知识的分类法。

另外，遥感分类方法还包括分层分类法、模糊数学分类方法、支持向量机（SVM）方法等。

对遥感影像完成分类后进行分类精度评价，主要指标包括分类精度和Kappa系数。利用分类精度（包括总体精度、用户精度或制图精度）这种统计指标对分类结果进行评价的缺点是像元类别的小变动可能引起其结果发生较大变化，运用这种指标的客观性依赖于采样样本以及采样方法。Kappa系数分析采用另一种离散的多元技术克服以上弱点，其评价指标被称为K_{hat}统计，它是一种测量两幅图之间吻合度或精度的指标（赵英时，2003），计算公式为：

$$K_{hat} = \frac{N\sum_{i=1}^{r} x_{ii} - \sum_{i=1}^{r}(x_{i+}x_{+i})}{N^2 - \sum_{i=1}^{r}(x_{i+}x_{+i})}$$

其中，r是误差矩阵中总列数（总的类别数）；x_{ii}是位于误差矩阵中第i行、第i列上的像元数量（正确分类的数量，在本书中定义为采样点的数量）；x_{i+}和x_{+i}分别是误差矩阵中第i行和第i列的总像元数量（采样点数量）；N是总的用于精度评估的像元数量（采样点数量）。

在村镇社区生态要素信息提取与分类领域，分类方法众多，各类算法各具特点，一些新的分类技术相比于传统方法在分类精度上有一定提高，但同时也存在一些不足之处。因此，继续探索先进方法以提高遥感影像的分类精度仍然存在广阔的研究空间。此外，单一采用某一种方法往往达不到理想的效果，通常会根据遥感监测的目标，结合两种或者多种分类方法进行分类，以提高分类精度。

第4章 典型生态要素的识别方法与监测应用

本章将从"三生"系统的视角出发,结合具体案例提出对村镇社区典型生态要素进行遥感识别与监测的思路和策略,以期为当前村镇社区空间优化与布局研究提供依据。具体包括:以永定河流域为例讲解土地覆被和农作物信息提取方法;以德国典型冬小麦种植区为例,讲解冬小麦提取的方法;以河套地区灌域为例,讲解干旱监测方法;以三江平原洪河自然保护区及其周边农场为例,讲解湿地景观格局演化动态监测方法;从深度学习算法的角度,讲解利用高分辨率遥感影像提取建筑物信息的方法,等等。

第1节 农作物种植结构的提取

生态功能要素主要包括林地、草地、园地、耕地、水域/滩涂、裸地/荒漠及其他生态用地等。生态功能要素的变化对物质能量循环过程的影响及其衍生的资源与环境问题是当前研究的热点问题,同时也是国土及生态规划中需要考虑的关键问题。利用遥感影像信息提取及分类的方法,可以辅助实现生态功能要素提取的目的。

农业生产是人类社会赖以生存的基础,大范围的可靠农情信息是保障区域及全球粮食安全的重要依据。现代遥感技术能实现低成本、高时间分辨率、高空间分辨率的农作物生长环境、长势、产量等的大面积监测,是常规监测手段无法企及的,对于现代化农业生产具有至关重要的意义。近年来,农业遥感向多尺度、多传感器、高精准发展，精细化的农作物种植结构信息提取和估计是作物施肥、灌溉、作物长势、估产等应用研究的重要基础。

遥感影像真实全面地记录了地物的各种变化信息。不同的农作物反射波谱不同，在遥感影像上亮度值、纹理、形状也不同。另外，农作物从发芽、出苗到成熟、收获的生长变化过程与归一化植被指数（NDVI）的增长或降低相对应，因此，一年内 NDVI 时间序列曲线能生动明了地刻画农作物的生长规律。随着农作物的生长，NDVI 逐渐增大，并在一定生育期达到最大值之后开始下降。各种农作物都有其自身的生长发育规律，同种农作物在同一地区的生长过程是相对稳定的。不同农作物生育期不同，NDVI 峰值及其出现的时相也不相同，其时间序列曲线形态不同，遵循一定的规律变化。例如，图 4-1 展示了不

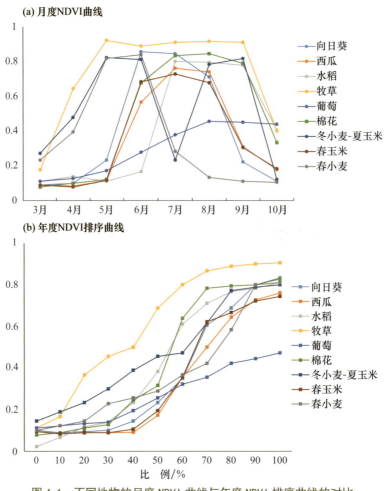

图 4-1　不同地物的月度 NDVI 曲线与年度 NDVI 排序曲线的对比

同地物按时间顺序和按大小顺序得到的 NDVI 光谱曲线,可以看到年度 NDVI 排序曲线更有利于地物的区分。因此,结合 NDVI 和反射率等信息对农作物种植结构信息进行提取具有较为可靠的理论基础。

本节将以地理学、景观生态学等理论为指导,应用遥感、地理信息系统等技术手段,对 2014 年、2016 年和 2019 年永定河流域土地覆被(土地覆被类型包括但不限于耕地、林地、草地、水域、建设用地、未利用土地等)信息进行识别和提取。并在此基础上,结合时间序列植被指数等特征重建方法,实现农作物种植结构提取的目的。

1. 研究区概况

本节以永定河流域为例,介绍了土地覆被信息提取的方法,并在此基础上结合耕地的空间分布数据,对农作物种植结构进行了精细化提取。

永定河流域是华北山区典型的生态环境脆弱区(图 4-2),也是北京市"京西绿色生态走廊与城市西南生态屏障"。随着工业化和城市化的快速发展,该区域水资源短缺的问题日益突出。虽然流域内的水分平衡分量受上游流域的深刻影响,但区域内部土地利用/土地覆被格局及其变化也对流域的生态系统服务价值产生了重要影响。

图 4-2　永定河流域地理位置及 2022 年遥感影像示意

2. 数据与方法

（1）数据基础

土地覆被信息提取方面，选用国产高分系列 GF-1 和 GF-6 卫星 2014 年、2016 年和 2019 年影像为主要数据源。同时，以永定河流域边界矢量数据和已有地表覆盖产品作为辅助数据。

农作物种植提取结构信息提取方面，结合永定河流域内农作物生长规律，除选取 2014 年、2016 年、2019 年每年两期高分辨率遥感影像（以米级和亚米级高分系列卫星 GF-1、GF-2、GF-6 和资源卫星 ZY-3 为主）为主要数据源之外，同时以 Landsat-8 卫星和 Sentinel-2 卫星影像为辅助数据。

（2）研究方法

用于土地覆被信息提取的遥感图像融合与镶嵌。在 ENVI 遥感影像处理软件中，将 2014 年、2016 年和 2019 年 3 个年份 GF-1、GF-6 卫星影像进行辐射校正、大气校正和几何校正等预处理，将 8m 多光谱波段和 2m 全色波段图像采用 Gram-Schmidt 方法进行融合，然后将融合后的图像进行镶嵌，并利用永定河流域边界对图像进行裁剪。

土地覆被信息提取及分类（图 4-3）。参考统计年鉴和已有数据产品中对该地区的分类结果，确定该地区土地覆被类型（包括耕地、林地、草地、灌丛、湿

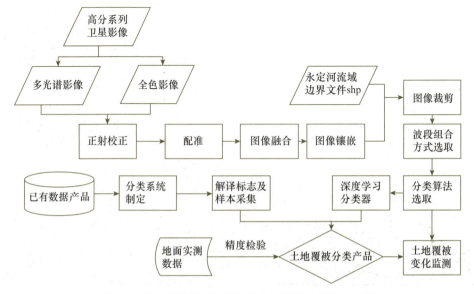

图 4-3　永定河流域土地覆被信息提取及分类技术流程

第 4 章 典型生态要素的识别方法与监测应用

地、水体、裸地、不透水层)。基于 2014 年、2016 年和 2019 年遥感影像采集各类地物训练样本,结合所选取的深度学习分类器,完成 3 期土地覆被类型识别和提取,并根据地面实测数据进行精度检验,构建该流域土地覆被信息数据库。

用于农作物提取的遥感影像预处理。永定河流域农作物种植结构信息提取及变化监测技术流程见图 4-4。为确保遥感影像无云等质量要求,从而保证监测年份(2014 年、2016 年和 2019 年)分别有两期无缝拼接、精度较高的作物种植结构产品,我们充分利用监测年份内所有可用的数据,对高分系列卫星遥感图像进行辐射校正、大气校正和几何校正等预处理,采用 Gram-Schmidt 方法将 8 m 多光谱波段和 2 m 全色波段图像进行融合,并将不同图幅进行镶嵌,以永定河流域矢量文件对图像进行掩膜处理,得到研究区 2 m 分辨率遥感影像。

基于面向对象的影像分割及农作物分类。结合土地覆被信息提取结果,采用面向对象的方法对各年份各期高分系列卫星影像中的耕地分布范围内影像进行分割,并对分割后的斑块进行重采样。为满足对永定河流域全区进行作物种植结构信息监测的要求,利用 GEE 平台将 2014 年 Landsat-8 卫星影像和 2016 年、2019

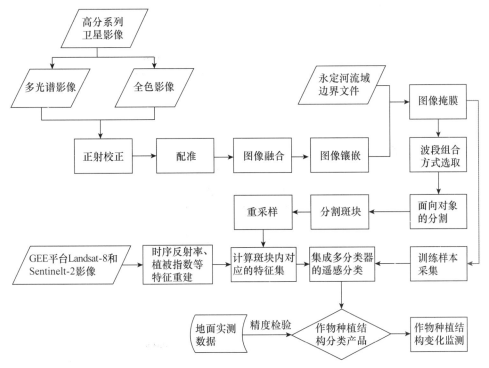

图 4-4 永定河流域农作物种植结构信息提取及变化监测技术流程

年 Sentinel-2 卫星影像进行时间序列植被指数等特征重建,计算斑块内对应的特征集,再集成多种分类器进行遥感分类,最终得到永定河流域 3 个年份 3—5 月和 7—9 月农作物种植结构分类产品。

3. 结果与讨论

(1) 土地覆被分类识别结果

对 2014 年、2016 年和 2019 年永定河流域土地覆被信息提取及分类结果如图 4-5 至图 4-7 所示。

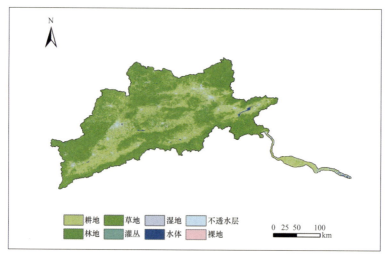

图 4-5 2014 年永定河流域土地覆被分类结果

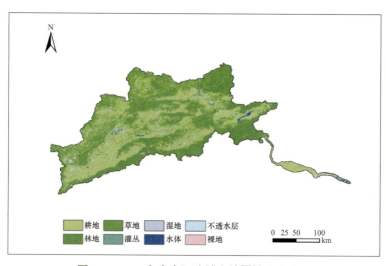

图 4-6 2016 年永定河流域土地覆被分类结果

第4章 典型生态要素的识别方法与监测应用

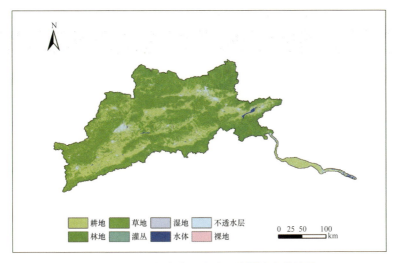

图 4-7 2019 年永定河流域土地覆被分类结果

为保证精度验证结果的准确性，采用以下产品精度质量控制的方法：对以上分类结果进行精度检验时，对每一年度每种土地覆被分类产品采用随机采样的方式，选取至少 200 个实测点；利用地面实测资料以及 Google Earth 平台的高分辨率遥感影像，验证土地覆被分类提取结果；将检验人员划分为 5 个精度检验小组，进行多轮检查和交互验证。经统计，2014 年、2016 年和 2019 年的土地覆被产品总精度分别为 86.53%、85.65% 和 87.83%，各年度土地覆被分类混淆矩阵如表 4-1 至表 4-3 所示。

表 4-1 2014 年永定河流域土地覆被分类混淆矩阵

类型	耕地	林地	草地	灌丛	湿地	水体	不透水层	裸地	总计	用户精度
耕地	188	0	9	0	0	0	6	8	211	0.89
林地	0	191	8	10	0	0	0	5	214	0.89
草地	12	9	189	5	7	0	0	9	231	0.82
灌丛	0	11	13	194	9	0	0	7	234	0.83
湿地	6	0	4	12	180	21	0	7	230	0.78
水体	0	0	0	0	14	189	0	0	203	0.93
不透水层	3	0	0	0	0	0	188	13	204	0.92
裸地	5	2	3	2	5	0	10	190	217	0.88
总计	214	213	226	223	215	210	204	239	1744	
制图精度	0.88	0.90	0.84	0.87	0.84	0.90	0.92	0.79		

表 4-2　2016 年永定河流域土地覆被分类混淆矩阵

类　型	耕　地	林　地	草　地	灌　丛	湿　地	水　体	不透水层	裸　地	总　计	用户精度
耕地	188	0	9	0	7	0	6	9	219	0.86
林地	0	190	12	13	0	0	0	7	222	0.86
草地	15	8	192	5	3	0	0	6	229	0.84
灌丛	0	13	8	181	7	0	0	7	216	0.84
湿地	6	0	12	8	185	10	0	5	226	0.82
水体	0	0	0	0	26	199	0	0	225	0.88
不透水层	11	0	0	0	0	0	197	8	216	0.91
裸地	7	9	3	3	5	0	7	190	224	0.85
总计	227	220	236	210	233	209	210	232	1777	
制图精度	0.83	0.86	0.81	0.86	0.79	0.95	0.94	0.82		

表 4-3　2019 年永定河流域土地覆被分类混淆矩阵

类　型	耕　地	林　地	草　地	灌　丛	湿　地	水　体	不透水层	裸　地	总　计	用户精度
耕地	188	0	10	0	0	0	5	4	207	0.91
林地	0	193	9	10	0	0	0	1	213	0.91
草地	4	5	187	0	8	0	0	8	212	0.88
灌丛	0	8	12	192	19	0	0	6	237	0.81
湿地	7	0	4	12	178	21	0	3	225	0.79
水体	0	0	0	0	14	199	0	0	213	0.93
不透水层	4	0	0	0	0	0	190	12	206	0.92
裸地	6	3	2	3	2	0	7	182	205	0.89
总计	209	209	224	217	221	220	202	216	1718	
制图精度	0.90	0.92	0.83	0.88	0.81	0.90	0.94	0.84		

（2）农作物种植结构信息提取结果

2014 年、2016 年和 2019 年永定河流域农作物种植结构信息提取结果如图 4-8 至图 4-13 所示。

为保证精度验证结果的准确性，在野外调查和实地验证时，每种类型采集至少 150 个样点，用以验证和完善土地覆被分类提取结果，从而保障最终的产品质量；采用 Google Earth 平台的高分辨率遥感影像进行验证；将检验人员划分

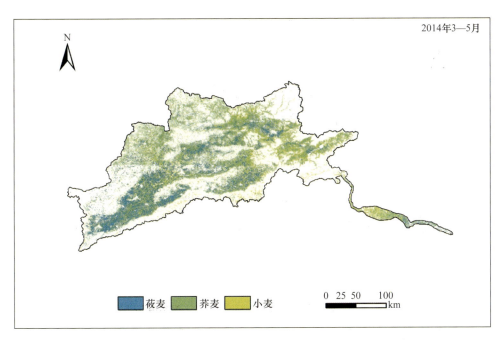

图 4-8 2014 年永定河流域 3—5 月农作物种植结构信息提取结果

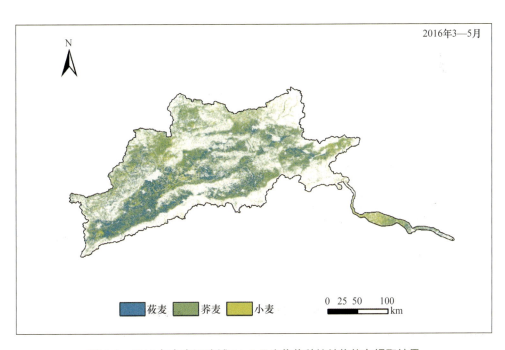

图 4-9 2016 年永定河流域 3—5 月农作物种植结构信息提取结果

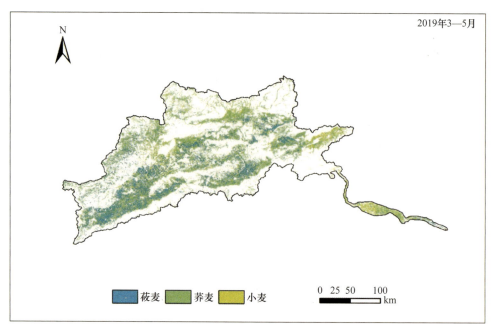

图 4-10　2019 年永定河流域 3—5 月农作物种植结构信息提取结果

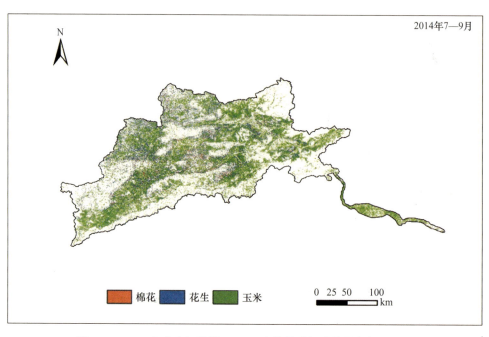

图 4-11　2014 年永定河流域 7—9 月农作物种植结构信息提取结果

第 4 章 典型生态要素的识别方法与监测应用

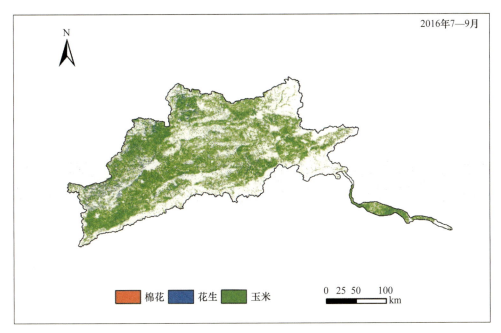

图 4-12　2016 年永定河流域 7—9 月农作物种植结构信息提取结果

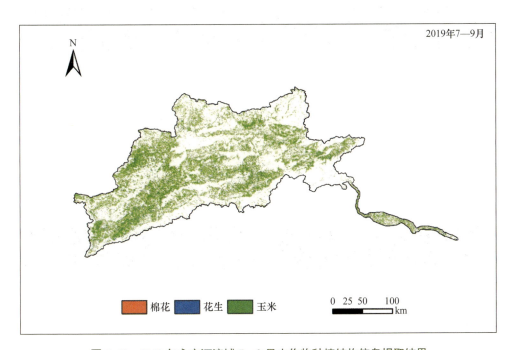

图 4-13　2019 年永定河流域 7—9 月农作物种植结构信息提取结果

为 3 个精度检验小组,进行多轮检查和交互验证。经统计,2014 年、2016 年和 2019 年 3—5 月农作物种植结构分类总精度分别为 80.22%、82.67% 和 81.78%。2014 年、2016 年和 2019 年的 7—9 月农作物种植结构分类总精度分别为 81.11%、82.44% 和 81.33%。各年度农作物种植结构分类混淆矩阵见表 4-4 至表 4-6。

表 4-4 2014 年永定河流域农作物种植结构分类混淆矩阵

(a) 3—5 月农作物

类型	莜麦	荞麦	小麦	总计	用户精度
莜麦	120	17	13	150	0.80
荞麦	16	119	15	150	0.79
小麦	12	16	122	150	0.81
总计	148	152	150	450	
制图精度	0.81	0.78	0.81		

(b) 7—9 月农作物

类型	棉花	花生	玉米	总计	用户精度
棉花	123	15	12	150	0.82
花生	13	121	16	150	0.81
玉米	14	15	121	150	0.81
总计	150	151	149	450	
制图精度	0.82	0.80	0.81		

表 4-5 2016 年永定河流域农作物种植结构分类混淆矩阵

(a) 3—5 月农作物

类型	莜麦	荞麦	小麦	总计	用户精度
莜麦	122	13	15	150	0.81
荞麦	11	125	14	150	0.83
小麦	9	16	125	150	0.83
总计	142	154	154	450	
制图精度	0.86	0.81	0.81		

(b) 7—9 月农作物

类型	棉花	花生	玉米	总计	用户精度
棉花	122	14	14	150	0.81
花生	6	125	19	150	0.83
玉米	11	15	124	150	0.83
总计	139	154	157	450	
制图精度	0.88	0.81	0.79		

表 4-6 2019 年永定河流域农作物种植结构分类混淆矩阵

(a) 3—5 月农作物

类型	莜麦	荞麦	小麦	总计	用户精度
莜麦	124	8	18	150	0.83
荞麦	17	123	10	150	0.82
小麦	14	15	121	150	0.81
总计	155	146	149	450	
制图精度	0.80	0.84	0.81		

(b) 7—9 月农作物

类型	棉花	花生	玉米	总计	用户精度
棉花	125	11	14	150	0.83
花生	12	119	19	150	0.79
玉米	13	15	122	150	0.81
总计	150	145	155	450	
制图精度	0.83	0.82	0.79		

第 2 节　冬小麦种植区的提取

特定农作物的快速提取对于保障粮食安全和促进农业可持续发展具有重要意义。然而，目前农作物提取多基于中低分辨率遥感影像（Muhammad et al.，2016），且多是针对混合作物的综合耕地制图，或是针对雨养和灌溉农业的粗分类产品，少量的特定农作物提取也是建立在实地测量的统计数据集勾画图上（Sayago et al.，2017）。一些学者实现了在 30m 空间分辨率地块上特定农作物的快速提取（Song et al.，2017），但总体来说该类研究较少。随着机器学习技术逐渐被应用到地物尤其是农作物的遥感提取，上述问题可以得到有效解决。在遥感大数据时代，该技术可以实现对遥感图像特征的自动学习，快速挖掘图像有用信息，促进深层知识信息的形成，从而指导分类、识别等遥感实际应用（吴炳方 等，2017）。其基本思想为结合遥感数据电磁波谱特征（Waldner et al.，2015）、空间特征、时间特征（Hao et al.，2015；Bargiel，2017）和辅助数据特征（Yan et al.，2016）等农作物遥感分类特征变量，实现地块的遥感快速提取。较为突出的方法为基于 Bagging 集成基础上的随机森林算法（Breiman，1996；Breiman，2001），该方法通过结合自助采样法等概率采样下的样本扰动思想和特征子空间下的属性扰动思想，在分类的收敛性和泛化误差上显示出较好的鲁棒性，相比易受样本扰动的神经网络、SVM 两种学习方法，显示出明显的优势，因此逐渐被广泛应用到农作物的识别与分类领域（Pelletier et al.，2016）。

1. 研究区概况

德国多年来一直是全球第三大农产品出口国和进口国，根据德国联邦食品和农业部（Federal Ministry of Food and Agriculture）2016 年度报告显示，德国谷类作物种植面积超过国土面积的 1/3，但地块细碎，其中占比最大的为小麦，多集中在德国中部和西南连片区域。研究区位于德国中部图林根州爱尔福特市部分区域，介于 $50°50′\sim51°5′N$，$10°40′\sim11°8′E$，萨勒河由南向北流经图林根盆地，是德国典型冬小麦种植区之一，实现该区域冬小麦的快速提取可以进一步服务于区域作物应用研究。研究区影像如图 4-14 所示。

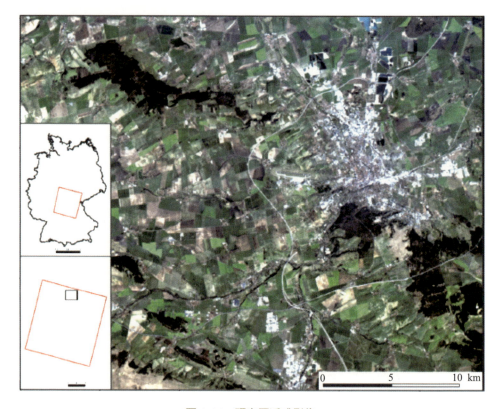

图 4-14 研究区遥感影像

2. 数据与方法

（1）数据基础

选取 Landsat-8 OLI 多光谱影像作为遥感数据源，获取时间为 2016 年 3 月 18 日，为冬小麦拔节到抽穗期，这段期间小麦生长旺盛，麦田植被指数的信噪比较强，土壤光谱噪声很弱，冬小麦和土壤的光谱指数信息差异较大，因此可以获取更明显的冬小麦特征，适合冬小麦的识别和提取。

除选用遥感数据源以外，还利用德国农作物分类数据集（该数据集共有 2.2 TB 数据用来进行分类制图，区分了德国 21 个土地覆盖类别，包括 15 种特定的作物类型）作为底图。该分类图将 Sentinel-2 和 Landsat-8 数据结合，构建出丰富的光谱特征空间，同时每个像素还包含了 45 个时间序列信息，每个时间序列都捕获了地表近 10 d 的地表反射率信息。基于可获取的光谱信息和时间序列信息，利用机器学习方法最终实现了德国全境的农作物地表覆盖分类图。图 4-15 为研究区作物分类底图，其中深蓝色多边形代表冬小麦地块。

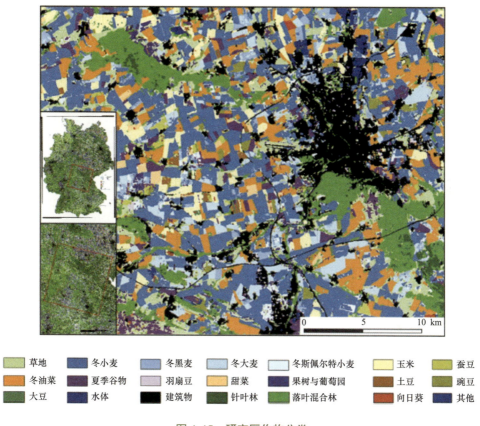

图 4-15 研究区作物分类

（2）模型与方法

采用随机森林算法实现实验区域的作物提取。具体流程如图 4-16 所示。

首先，对原始影像和现有分类图进行几何配准和辐射校正，对照分类图在影像上识别训练样本（包含冬小麦样本和非冬小麦样本）。

其次，构建样本特征空间，选取不同指标作为属性划分的特征，并进行特征重要性度量，从而训练出适用于本研究区的随机森林模型。

最后，将训练好的提取模型用于区域的预测，并在不同特征空间组合方式下对比预测精度，做出精度评价。

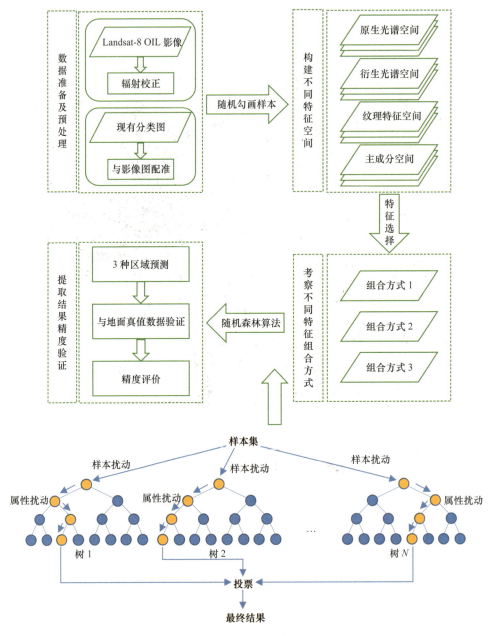

图 4-16 冬小麦提取技术流程

（3）特征空间构建

特征空间构建是机器学习算法中的重要过程，针对遥感图像信息提取和分类的特征空间构建主要基于不同地物具有不同的电磁光谱特征，且在遥感图像上呈现的灰度或反射率有所差异，这种差异成为区别不同地物类型的有效依据，其表现形式可以用波段间的原生光谱特征或根据某种规则构建的衍生光谱指数来表示，即丰富的光谱空间。同时，在遥感图像分类领域还常用到图像的纹理特征，即在像素的某一窗口呈现出的相邻像素灰度空间分布的统计规律，可以反映地物表面颜色和灰度的变化，可以用来精细识别遥感影像上的不同地物。根据前人研究经验和 Landsat-8 的波谱范围，构建了以下特征空间：① 光谱特征空间；② 纹理特征空间；③ 主成分空间。

（4）特征选择

经对比实验，发现光谱特征是作物分类的重要依据，得分较高，可在光谱特征空间分别保留前 3；主成分特征减少了多光谱波段冗余，且保留了有效信息，在主成分空间中予以保留；纹理信息作为细节信息的补充，可在纹理特征空间中保留。根据前人研究经验和 Landsat-8 的波段范围，构建了由以下特征组成的特征空间（图 4-17）：① 光谱特征，包括原生光谱特征（Landsat-8 遥感影像 B1～B7 波段，Sentinel-2 影像 B1～B4、B8a、B11～B12 波段）和衍生光谱特征（归一化植被指数 NDVI、增强型植被指数 EVI、绿度植被指数 GVI、绿色归一化植被指数 GNDVI、叶面积指数 LAI、归一化建筑物指数 NDBI、归一化雪盖指数 NDSI、改进的归一化差异水体指数 MNDWI、土壤调整植被指数 SAVI、绿度总和指数 SGI、简单比值指数 SR）；② 纹理特征，包括角二阶矩 Asm、对比度 Con、熵 Ent、同质性 Hom；③ 主成分特征，包括第一主成分 PCA1、第二主成分 PCA2。

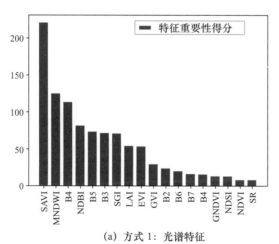

(a) 方式 1：光谱特征

图 4-17　三种特征空间组合方式下的特征得分

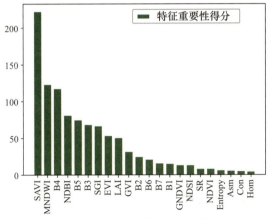

(b) 方式 2：光谱特征+纹理特征

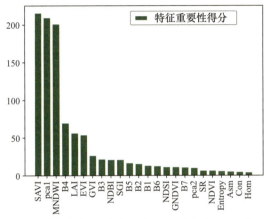

(c) 方式 3：光谱特征+纹理特征+主成分特征

图 4-17 续

3. 结果与讨论

结合分类效果和分类精度计算结果（图 4-18、表 4-7），分析如下：

（1）随机森林方法提取冬小麦的结果整体精度较高，均达到 75%。

（2）从单一光谱特征提取结果来看，光谱特征是地物识别和提取的重要特征，包含绝大部分地物信息。

（3）在光谱特征中加入纹理特征后，漏分率明显下降，由原来的 23.96% 下降到 19.50%，说明在地物光谱特征相近时，可以弥补单一光谱特征提取所造成的精细细节信息的缺失，如子图 A-Ⅰ和 A-Ⅱ以及子图 C-Ⅰ和 C-Ⅱ所示，在地块细节上有所改善。

（4）当前两者方式之上加入主成分特征后，错分率明显下降，由原来的48.55%下降到31.08%，说明主成分特征通过降低光谱波段冗余性提高了地物的可识别性，如图4-18子图B-Ⅱ和B-Ⅲ、以及子图C-Ⅱ和C-Ⅲ所示，错分地块明显减少。

综上所述，随机森林方法可以较好地实现农作物识别和快速提取，且提取结果整体精度较高，具有良好的鲁棒性。随着特征空间的丰富，作物的整体信息和细节信息得到比较完整的保留，有助于在一定程度内提高提取结果精度，在今后研究中可以沿用。

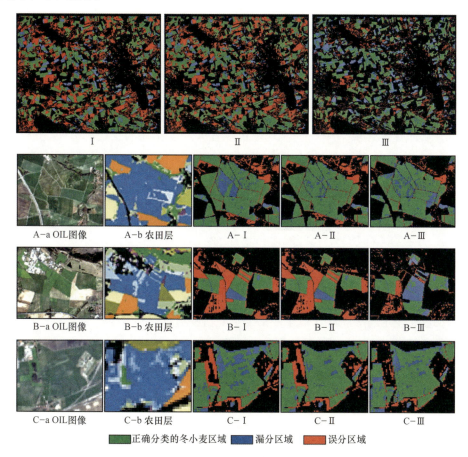

图4-18 研究区冬小麦提取结果

注：Ⅰ、Ⅱ和Ⅲ代表3种特征空间组合方式下的冬小麦提取结果；
A-a、B-a、C-a：研究区A、B、C 3个子区域影像；
A-b、B-b、C-b：研究区A、B、C 3个子区域现有作物分类；
A-Ⅰ、A-Ⅱ、A-Ⅲ：A子区域在3种特征空间组合方式下的冬小麦提取结果；
B-Ⅰ、B-Ⅱ、B-Ⅲ：B子区域在3种特征空间组合方式下的冬小麦提取结果；
C-Ⅰ、C-Ⅱ、C-Ⅲ：C子区域在3种特征空间组合方式下的冬小麦提取结果。

表 4-7　实验结果精度对比

指　标	光谱特征 /%	光谱特征+纹理特征 /%	光谱特征+纹理特征+主成分特征 /%
用户精度（UA）	51.45	53.04	68.92
制图精度（PA）	76.04	80.50	68.40
总体精度（OA）	76.77	77.97	84.85
错分误差（1−UA）	48.55	46.96	31.08
漏分误差（1−PA）	23.96	19.50	31.60
误分率（1−OA）	23.23	22.03	15.15

在实际区域作物提取模型训练过程中，应当注重多源特征空间的构建，融合多类型特征的优势，丰富特征的多样性，尽可能完整地保留地物信息。而特征选择则可以在多源特征信息中有效剔除无用数据，避免数据冗余造成的维数灾难，从而提高运算效率，为实现随机森林大尺度作物的快速和有效提取提供有利依据。

第 3 节　灌区干旱监测

村镇社区经济生产系统包括农业生产、乡镇企业和第三产业等因子。乡村以农业生产为主，而农业生产是一个经济再生产与自然再生产相互交错的过程，与风貌特色有一定的关联。农业生产活动主要指种植农作物的生产活动。在农业生产中，遥感技术可以发挥重大作用，既可实时准确地提供地表信息（如土壤覆盖的空间信息、作物长势、地面生物量、作物营养亏缺、作物种植面积、灌溉面积、农业病虫害等），又可以连续对地面进行长期观测，构成时间和空间的一体化多维信息集合，这种大面积、实时准确的多维时空信息对农业生产发展有着不可替代的作用。

在全球气候变化背景下，干旱成为影响我国农业生产最严重的自然灾害（覃志豪 等，2015）。灌溉面积是获取灌区灌溉进度、灌溉效果和灌溉效率等信息的基础数据。而传统的灌溉面积获取是由灌区管理部门每年按时向上级单位上报得到，存在着获取途径困难、监测站点少、耗时费力、更新周期长等不足。

近年来,卫星遥感技术已逐步应用到旱情的动态监测中,特别是不同的干旱指数的提出和应用,有助于提供一种准确、快速、大范围、可重复的调查全国灌溉面积及其分布的有效途径(易珍言 等,2014)。比如,Sandholt 等人(2002)基于简化的 Ts-NDVI 特征空间提出了温度植被干旱指数(TVDI),Ghulam 等人(2007)在垂直干旱指数(perpendicular drought index,PDI)基础上引入植被覆盖度,提出修正的垂直干旱指数(MPDI),都在区域农业旱情监测上得到了广大学者的肯定。

1. 研究区概况

西北地区是我国干旱灾害最为频发的地区之一。河套灌区位于黄河中上游内蒙古段北岸的冲积平原巴彦淖尔市境内,河套地区黄河灌溉历史悠久,更是我国北方重要粮、油生产基地,该地区地处我国干旱的西北高原,降水量少,蒸发量大,属于没有引水灌溉便没有农业的地区(屈忠义 等,2015;刘海启 等,2015;乌兰吐雅 等,2017)。解放闸灌域(106°43′~107°27′ E,40°34′~41°14′ N)为内蒙古河套灌区第二大灌域(图 4-19),地处干旱半干旱内陆地区,海拔高程

图 4-19 河套灌区解放闸灌域遥感影像

在 1030～1046 m，年平均降水量 151.3 mm，年均蒸发量达 2300 mm，年内平均气温 9℃。灌域总土地面积约 2345 km²，其中 60% 以上为耕地，土壤类型为潮灌淤土和盐化土，粮食作物以夏玉米和春小麦为主，经济作物以向日葵为主，伴有一定比例的瓜果、蔬菜。因其地处西北内陆，降水量较少，可有效减少和控制降水对灌溉的影响，故选取该地区为研究区，介绍灌区干旱监测研究的方法。

2. 数据与方法

（1）数据基础

本节遥感影像数据来自美国地质调查局数据库，行列号为 129031 和 129032。Landsat-8 OLI 有 9 个波段，空间分辨率为 30 m，其中包括一个 15 m 的全色波段，成像宽幅为 185 km×185 km；Landsat-8 TIRS 传感器包括 TIRS10 和 TIRS11 两个热红外光谱波段，空间分辨率为 100 m。

由于秋浇阶段灌区内并无农作物，故本书选取 2017 年 7—9 月即夏灌四、五轮放水期间的可用无云 Landsat-8 数据，共四景（表 4-8），利用 ENVI 对数据进行辐射定标、大气校正、镶嵌裁剪等预处理操作。

表 4-8 Landsat-8 数据列表

序 号	成像时间	分辨率/m
1	2017 年 7 月 4 日	30
2	2017 年 8 月 5 日	30
3	2017 年 9 月 6 日	30
4	2017 年 9 月 22 日	30

（2）TVDI 的计算

Sandholt 等人（2002）利用简化的 NDVI-LST 二维特征空间提出了可以估算土壤地表含水状态的 TVDI 法。

$$TVDI = \frac{LST - LST_{min}}{LST_{max} - LST_{min}}$$

$$LST_{min} = a + b \times NDVI$$

$$LST_{max} = c + d \times NDVI$$

$$TVDI = \frac{LST - (a + b \times NDVI)}{(c + d \times NDVI) - (a + b \times NDVI)}$$

其中，NDVI 是归一化植被指数；LST 是任意像元的地表温度，反演方法选用大气校正法；LST_{min}、LST_{max} 是 NDVI 对应的最小、最大地表温度，分别代表湿边（TVDI=0）和干边（TVDI=1）；a、b、c、d 是湿边和干边拟合方程的系数。TVDI 值在 0 和 1 之间，与土壤湿度呈负相关关系。

（3）MPDI 的计算

根据植被的反射特性以及 PDI 对植被覆盖较大地区监测效率低的局限性，Ghulam 等人在 PDI 基础上提出了 MPDI：

$$MPDI = \frac{R_{Red} + MR_{NIR} - f_v(R_{Red,v} + MR_{NIR,v})}{(1 - f_v)\sqrt{M^2 + 1}}$$

其中，R_{Red}、R_{NIR} 为大气校正后红波段、近红外波段反射率；M 为土壤点线性回归得到的土壤线斜率；$R_{Red,v}$、$R_{NIR,v}$ 为植被在红和近红外波段的反射率，在某种长势条件下可近似为固定参数，本书分别取值为 0.05 和 0.50；f_v 为植被覆盖度，采取 Carlson 等人（1999）提出的计算方法：

$$f_v = \frac{NDVI - NDVI_s}{NDVI_v - NDVI_s}$$

其中，$NDVI_v$、$NDVI_s$ 分别为植被和裸土的 NDVI，取值为 0.65 和 0.2。基于解放闸灌域植被覆盖面积较大，本书选取 MPDI 进行计算。

（4）基于干旱指数差异阈值的灌溉面积监测模型

TVDI 和 MPDI 可以反映土壤的含水情况，TVDI 或 MPDI 越大，土壤含水量越少，说明越干旱，利用这一点，令前后两期影像计算得到的干旱指数进行相减，图像中像元前期指数大于后期指数的，意味着该像元土壤含水量增大，该像元处可能发生灌溉行为。据此建立基于两种干旱指数差异阈值的实际灌溉面积提取模型如下：

$$I_1 = TVDI_{t1} - TVDI_{t2}$$
$$I_2 = MPDI_{t1} - MPDI_{t2}$$

其中，I 代表某个像元受灌溉影响的程度，I 越小表明灌溉的影响越小；$TVDI_{t1}$ 和 $MPDI_{t1}$ 是前期影像的干旱指数；$TVDI_{t2}$ 和 $MPDI_{t2}$ 是后期影像的干旱指数。理论上，$I>0$ 表示像元处发生灌溉。

土壤含水量的变化不一定是因为灌溉所造成的，为了消除干扰因素的影响，需要设定一个差异阈值，只有变化程度大于该阈值时，才可以认为该像元处的土壤水分变化是由灌溉造成的。阈值如果选取过小，没有灌溉的区域会被误认为发生灌溉，反之则发生灌溉的区域会被误认为没有灌溉。所以阈值的选取须符合当地实际情况。

阈值选取方法如下：在研究区内设 30 个调查点，确定并记录调查点上的灌溉情况。30 个调查点包含了种植地、裸地及建筑物等土地利用类型。参考 30 个调查点所在像元的干旱指数差值，调整阈值 I，使灌溉面积提取结果与 30 个调查点调查结果一致性最高，以此阈值提取得到的面积即实际灌溉面积。总体实验流程图如图 4-20。

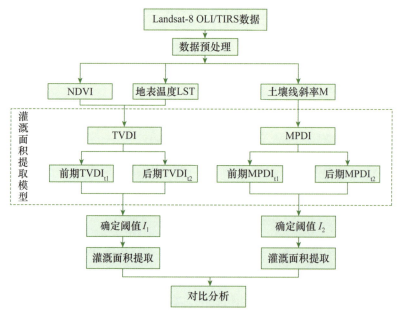

图 4-20　实验流程

3. 结果与讨论

（1）NDVI-LST 特征空间

利用 4 期影像的 NDVI 和 LST，提取 LST_{max} 和 LST_{min}，并以 NDVI 为 x 轴，LST 为 y 轴建立二维特征空间分布图（图 4-21）。不同时相的 NDVI-LST 特征空

间有一个共同特点：随着 NDVI 的增大，LST_{min} 和 LST_{max} 的趋势线逐渐交汇于一点组合成近似的三角形形状。

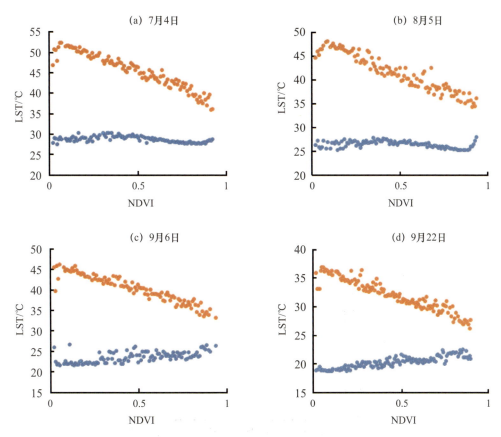

图 4-21　不同时期的 NDVI-LST 特征空间干边和湿边分布

注：图中橙色点为 LST_{max}，蓝色点为 LST_{min}。

通过二维特征空间可以看出，每一期影像的特征空间中干边和湿边形状相似。在 NDVI 大于 0 时，随着 NDVI 的增大，LST_{max} 呈减小趋势；同时，随着 NDVI 增加，LST_{min} 呈缓慢增大趋势，并且 LST_{max}、LST_{min} 与 NDVI 呈近似线性关系。而从不同时相来看，不同月份特征空间的干边和湿边形状都有所变化，点的离散程度也不同，这可能与不同 NDVI 对应的像元数量不同有一定关系。综合对比各特征空间，可以发现其共同点，即随着 NDVI 增大，LST_{max} 和 LST_{min} 逐渐趋于接近和交汇于一点，这说明 NDVI-LST 特征空间确实存在三角形关系。

（2）TVDI 与 MPDI 计算和分析

通过 ENVI 波段运算进行 TVDI 和 MPDI 的反演，得到研究区 TVDI 和 MPDI 图像，求取每期影像 TVDI 和 MPDI 的平均值并绘制成时间序列曲线（图 4-22）。

通过对比图 4-22 曲线，可以发现两个干旱指数趋势一致：7月4日至9月6日均呈依次递减趋势，9月6日至9月22日呈上升趋势，说明7月4日至9月6日灌区干旱程度一直在下降，可以初步说明进行了灌溉。此外，在9月6日至9月22日，虽然两个干旱指数都上升，但很明显 TVDI 上升幅度要大于 MPDI。研究发现，9月是灌区农作物收割的季节，9月22日时灌区作物已经基本收割完成，地表覆盖为裸土、道路和城区，此时干旱指数并不能很好地反映灌区干旱状况，尤其是 MPDI 受裸土影响，其值上升不会很明显，所以该平均值趋势较为合理。

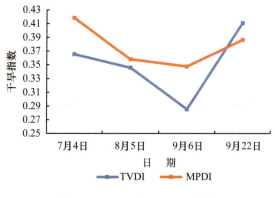

图 4-22　TVDI 与 MPDI 平均值

（3）灌溉面积提取及分析

利用 TVDI 和 MPDI，构建灌溉面积监测模型并根据公式设定差异阈值。在研究区内选取 30 个调查点，分别确认其灌溉情况，通过调整阈值使灌溉面积提取结果与 30 个调查点调查结果一致性最高，最终确定 7月4日至9月6日 TVDI 阈值为 0.04，MPDI 阈值为 0.08。利用上述阈值对阈值影像进行分级显示，结果如图 4-23，其中绿色部分为大于阈值的区域，即灌溉区域，提取其面积。

第4章 典型生态要素的识别方法与监测应用

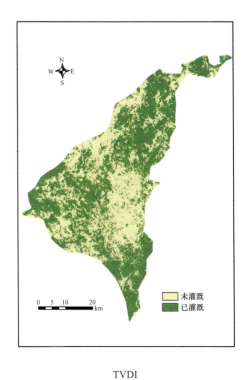
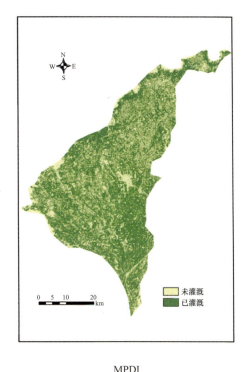

TVDI　　　　　　　　　　　　　　　　　MPDI

图 4-23　灌溉面积提取结果

经统计，将监测灌溉面积与真实灌溉面积进行比对，基于 TVDI 的监测模型准确率为 82.96%，基于 MPDI 的监测模型的准确率为 74.01%。两个模型监测面积均小于真实灌溉面积。通过调查发现，河套灌区灌溉面积的统计都是经实地测量并人工上报的，实际灌溉地及面积受多种因素影响每年均不相同，存在着少许人为误差，所以监测灌溉面积小于真实灌溉面积是合理的。

从总的灌溉面积监测准确率来看，TVDI 精度要大于 MPDI，但从灌溉区域的空间分布来看，引入植被覆盖度的 MPDI 总体精度为 94.17%，相比 TVDI 的 58.90% 要更高，监测的灌溉地分布也更为合理，因为它更符合实际作物的空间分布，很好地剔除掉了非作物的像元再进行监测；而 TVDI 的监测结果受混合像元影响绿色部分分布很不均匀，并且有更多的错分、漏分情况。该结果表明引入植被覆盖度的干旱指数 MPDI 能更好地反映一个地区的干旱情况，相比 TVDI 受非作物地物尤其是裸土的影响会更小。

4. 小结

本节通过 TVDI 和 MPDI 的理论原理，将其运用在灌区实际的干旱情况和灌溉面积的监测中，以内蒙古自治区河套灌区解放闸灌域作为研究区域，计算出 TVDI 和 MPDI，来监测 2017 年夏季 7—9 月研究区的旱情，结果显示两种干旱指数在夏季作物生长期内变化趋势较为一致。同时构建了基于两种干旱指数的灌区实际灌溉面积监测模型，分别计算出 2017 年 7—9 月研究区夏灌四、五轮放水的灌溉面积并与真实灌溉面积进行对比，TVDI 和 MPDI 监测模型的监测准确率分别为 82.96% 和 74.01%。但在灌溉地空间分布上，以 Google Earth 高分辨率数据作为真值进一步分析表明，相比 TVDI，MPDI 的灌区提取分布更为合理，总体精度达 94.17%，高于 TVDI 的 58.90%。综上，可以说明 MPDI 因引入植被覆盖度进行计算，受非作物的影响会更少，相比 TVDI 能更好地反映一个地区的干旱和灌溉情况。

基于干旱指数的变化来监测灌区干旱情况和灌溉面积，该方法方便快捷，结果较精确，能够弥补传统灌区土壤含水量及灌溉面积监测的不足。但该研究尚存在一些改进之处，主要表现在：

（1）虽然 Landsat-8 的空间分辨率能满足监测的需要，但其时间分辨率较高，在夏季作物生长期内可用数据较少，故下一步可增加数据源。

（2）只计算了 TVDI 与 MPDI 两种干旱指数进行对比分析，且相比 MPDI，TVDI 误差较大，故可再选取多种不同的干旱指数进行综合分析。

（3）虽然选取降水量较少的西北内陆地区，但仍不能完全避免降水因素导致的精度变化，故可进一步叠加气象因子综合考虑。因此，后续研究与应用中可结合上述不足对模型进行改进。

第 4 节　湿地景观格局变化动态监测

湿地是指天然或人工、长久或暂时的沼泽地、泥炭地、静止或流动的淡水、半咸水、咸水水域（包括低潮时水深不超过 6 m 的水域），被誉为"地球之肾""自然之肾""物种宝库"。近年来，由于人类对土地的开发利用，全世界范围内湿地面积均呈现出不断减少的趋势。

利用景观格局动态变化分析的方法,可以反映景观要素的增减趋势、景观多样性的增减比例、各景观类型所占比例差异的变化以及景观在空间上的转移、扩张与收缩程度等,并由此揭示湿地景观格局的变化过程与演变规律。例如,利用景观动态度模型、相对变化率模型和空间质心模型等,可以分析各景观类型的动态变化特征与过程。景观动态度模型和相对变化率模型分别反映湿地景观面积的变化程度和区域差异;空间质心模型则反映了湿地斑块类型的空间转移规律,可结合景观类型图的叠加分析,通过景观格局变化图和景观要素转移矩阵进行分析。

1. 研究区概况

位于中国东北部的三江湿地由黑龙江、松花江、乌苏里江汇流在低洼平原冲积形成,区内泡沼遍布、河流纵横,湿地植被发育良好,是我国最大的湿地集中分布区和湿地多样性保护的关键地区之一。本书选取位于三江平原腹地的黑龙江洪河国家级自然保护区(以下简称"洪河自然保护区")以及位于它周边的3个农场(鸭绿河农场、洪河农场和前锋农场)作为研究区(图4-24),这

图4-24 研究区遥感影像(2006年8月30日,Landsat-5 TM 7,4,3波段合成)

一地区位于黑龙江省东北端三江平原腹地（同江市和抚远市境内），地理位置为 133°18′E～134°5′E，47°25′N～48°1′N。

洪河自然保护区于 1996 年 11 月正式晋升为国家级自然保护区，于 2002 年 1 月 11 日起正式被《湿地公约》列入名录（国际重要湿地编号 1149）。它地跨同江市、抚远市两个行政区域，周围分别与鸭绿河农场、洪河农场、前锋农场相接壤。位于洪河保护区北侧的是鸭绿河农场，场区内天然次生林资源丰富，多沿鸭绿河和浓江河两河腹地生长。洪河农场场区位于洪河自然保护区西南部，地形平坦，海拔高度 52.5～57.5 m，场区地貌可分为冲积平原漫滩和阶地两种类型。位于洪河自然保护区东南部的前锋农场，与洪河农场、鸭绿河农场、洪河自然保护区接壤，地势平坦低洼，无山区丘陵。

2. 数据与方法

（1）数据基础

为了分析研究区湿地景观格局动态变化过程，本书选择几个典型的研究时段来进行分析，因此，可利用遥感卫星提供的不同时期的影像数据进行解译、分类和分析。考虑到研究区的农场建立时间、作物种植特点等因素，本书采用的遥感数据源主要包括 Landsat 卫星遥感影像，接收时间分别为 1975 年 7 月 25 日、1989 年 6 月 12 日和 2006 年 8 月 30 日。其中，1975 年 7 月 25 日接收的影像数据采用多光谱扫描仪（multi-spectral scanner，MSS）传感器，遥感影像的空间分辨率为 80 m，轨道号为 123/027［采用全球参考系 World Reference System-Ⅰ（WRS-Ⅰ）］；另外两个时段的遥感影像所使用的传感器为 TM，轨道号为 114/027（WRS-Ⅱ），第 1～5、7 波段的空间分辨率为 30 m，云量小于 5%。空间参考系统为通用横轴墨卡托（UTM）投影、WGS84 坐标系统，每一期遥感影像需要 1/4 景可覆盖研究区，并且影像的获取季节基本一致。该影像数据主要用于研究区的遥感图像分类。

由于研究目标主要为提取景观格局变化信息，因此，在对 MSS 和 TM 各波段进行特征分析的基础上，基于遥感图像处理软件 ENVI/IDL 4.5 平台进行了假彩色合成。其中，分别采用 MSS3，2，1 和 TM7，4，3 的 3 个波段分别代表红、绿、蓝波段，它们的合成结果能够体现几种景观类型的差异，满足景观类型提取的要求。此外，为了使地表信息的提取更加真实、准确，还将 TM 影像的全部波段进行了合成，从而为实现多种影像变换提供基础数据。

非遥感数据源包括我国 1967 年 1∶10 万国家基本比例尺地形图以及各农场自建场以来的农场志、黑龙江垦区统计年鉴、建三江农垦统计年鉴等社会经济统计资料（主要包括人口数、国民生产总值、工农业总产值等数据）。

（2）研究方法

利用 1967 年 1∶10 万国家基本比例尺地形图（图幅编号分别为 L-53-4，L-53-15，L-53-16）作为参考图像完成对遥感影像的配准。具体处理过程如下：首先，在 ENVI/IDL4.5 软件中，对照研究区地形图和遥感影像，交互采集对应数量的地面控制点（ground control point，GCP）。地面控制点的选取应尽可能在整幅影像上均匀分布，主要选择道路交叉口等明显且不易发生变化的地区，在图像边缘、地形复杂的地区多选一些地面控制点。每幅地形图的地面控制点个数一般为 10 个，尽可能更加精确地保证每个地面控制点的精度，使得误差小于 1 个像元。其次，利用这些控制点建立几何校正的数学模型，运用二次多项式的拟合校正方法和最近邻法（nearest neighbor，NN）重采样方式，完成像元空间位置变换，存储为 *.tif 格式的影像。最后，运用 ArcGIS Desktop 9.0 软件，把扫描数字化后的农场分布图（栅格图形数据）加载到地图中并对其进行地理参考转换，使之成为一份具有与遥感影像相同的地理坐标系统的数字化地图。在 ENVI/IDL 4.5 软件中，利用研究区的边界矢量文件对遥感影像进行掩膜，得到 3 个时期研究区图幅大小的影像。

为了更加精确地提取景观类型的分布面积、对比不同时期的景观面积变化数据，本书将各个时期的影像转换为统一的等面积投影坐标系[①]。

本书主要针对典型自然沼泽湿地和人工地物面积变化进行对比分析，结合遥感图像信息源的时相以及研究区内湿地资源分布特征，参照国内外湿地类型划分方法，将该区地物景观依据遥感影像精度特征分为自然湿地（沼泽、河流泡沼、

---

① 采用的坐标系：北京 1954 坐标。投影：Albers（正轴等面积割圆锥投影）。第一标准纬线：25°N。第二标准纬线：47°N。中央经线：105°E。坐标原点：0°。纬向偏移：0。经向偏移：0。投影比例尺：1∶1。空间度量单位：m。椭球体：Krasovsky_1940，半长轴 A=6 378 245.00 m，半短轴 B=6 356 863.018 773 047 3 m。

草甸）、人工湿地（水田）、非湿地（森林、旱地、其他）3个一级类型和7个二级类型。其中，河流泡沼主要包括含有明水面的河流和各种人工与自然河泡。另外，由于居民地、鱼塘等地物类型的面积都很小，并且这类地物在1975年、1989年仅零星分布，而到2006年时，它们在TM遥感影像中则清晰可辨、呈片状分布，因此，为了和另外两期的分类系统保持一致，可将它们统一归并到其他地物类别中。

根据各种地物在遥感图像的色调、形状、大小、纹理、位置等解译标志以及野外调查照片，建立各种景观类型的解译标志（表4-9）。解译时遵循先高分辨率、后低分辨率的顺序，首先目视判别高分辨率遥感影像上的地物，然后借助地形图以及Google Earth 5.0提供的2004年5月16日高分辨率影像对低分辨率遥感影像完成目视解译。

表4-9　不同地物景观类型的解译标志

一级分类	二级分类	遥感影像	地理位置	色调	形状	纹理	备注
自然湿地	沼泽		主要分布在低洼地、低河漫滩、低平地等	在TM影像上呈黑色	形状极不规则	纹理非常粗糙，斑块大小不均匀	
	河流泡沼		河流主要分布于地势低洼的地区	呈深灰、灰色调	条带状	斑块大小不均匀	随地势起伏呈自然弯曲
			泡沼主要分布于地势低洼的地区	呈深灰、灰色调	面积较小的斑块，形状呈自然弯曲状	斑块大小不均匀	随地势起伏呈自然弯曲
	草甸		主要位于岗平地、高河漫滩和一级阶地	呈绿色、浅绿色调	不规则斑块	纹理较细腻	常夹杂一些由灌木产生的粗颗粒，内部色调不均匀

续表

一级分类	二级分类	遥感影像	地理位置	色调	形状	纹理	备注
人工湿地	水田		主要分布于地势较高、水分充足的平地	呈均匀的绿色调	田块形状较规整，呈网格状	纹理细腻均匀	
非湿地	森林		主要分布于地势平坦的低丘、道路旁	在 TM7，4，3 波段组合影像上呈绿色	边界不规则	颗粒较粗，纹理不均匀	树冠连成片，色调不均匀，与背景交错分布
非湿地	旱地		主要分布于地势较高的平地	呈现内部纹理均匀、边界规则的黄色调	网格状分布，斑块形状规则	斑块内部纹理均匀，较水田稍粗糙	
非湿地	其他		主要分布于交通较便利的道路交叉口	呈品红色调	居民地等人工建筑物的形状近似规则多边形	纹理较均匀	分散分布于研究区内

3. 结果与讨论

在 ArcGIS 平台下，对照上述解译标志，按照不同类型地物作为不同图层的方式进行遥感影像的矢量化，得到 1975 年、1989 年和 2006 年的景观分类矢量数据，并制作研究区景观分类图（图 4-25 至图 4-27）。

结合野外验证数据、已有的研究区地形图等辅助数据，采用不同的方法对其进行精度检验。

采用误差矩阵法，结合计算出的误差矩阵，采用总体分类精度这一统计估计量来评价分类精度。经过统计分析，1975 年、1989 年、2006 年 3 个历史时期遥感影像解译的总体分类精度分别为 92.33%、92.60% 和 90.41%。

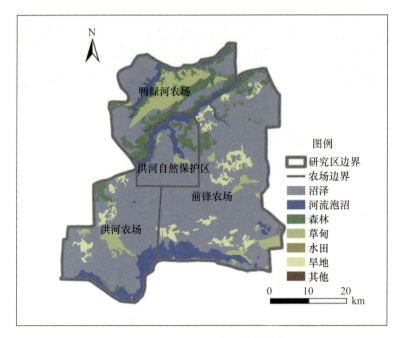

图 4-25　1975 年研究区景观分类

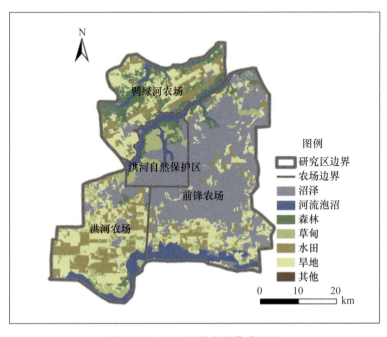

图 4-26　1989 年研究区景观分类

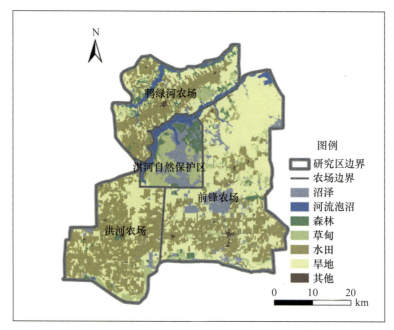

图 4-27　2006 年研究区景观分类

Kappa 系数法。根据公式进行计算，得到 3 个历史时期的 Kappa 系数（N=365）分别为 86.66%、89.47%、86.93%。洪河自然保护区于 1996 年被列为国家级自然保护区。从分布位置和范围来看，相对于其他 3 个受人类影响扰动较大的农场来看，洪河自然保护区内景观类型变化很小。

总的来说，研究区内部景观变化的一致性表现为除洪河自然保护区以外，尽管景观内部结构和变化过程不完全一致，周边 3 个农场都经历了从以沼泽为主的自然景观迅速转变为农田生态景观的过程。这也充分说明，自然保护区的建立对于强烈扰动下的自然景观保护确实起到了重要的作用。自 20 世纪 70 年代中期以来，洪河自然保护区沼泽面积减少 55.66%，其他 3 个农场沼泽面积减少更加显著。其中，1975 年到 1989 年，鸭绿河农场的沼泽减少最为显著（大约 86.86% 的沼泽被开垦）；前锋农场的开发力度较弱（沼泽开发面积约占 21.06%）。从 1989 年到 2006 年，各个农场的沼泽面积都减少 85% 以上。其中，前锋农场湿地资源比较丰富，沼泽开发的力度最大，沼泽面积减少 87.97%；这一阶段，鸭绿河农场、洪河农场的沼泽开发力度也有所增强，沼泽面积分别减少 85.48%、85.15%。

20世纪70年代中期，研究区内还不存在水田。从20世纪80年代开始，研究区内水田面积大幅增加，其中尤以前锋农场的增加速度最为显著，1989年以后其水田增加了2.44倍以上。洪河农场和鸭绿河农场的旱地面积在1989年以前增长迅速，1989年以后由于大量转变为水田后又均出现不同程度减少。

20世纪70年代中期（表4-10），洪河自然保护区景观类型以沼泽、河流泡沼等自然景观为主，按照各种景观类型的面积来看，沼泽＞河流泡沼＞森林＞草甸＞旱地，其中，沼泽面积约占洪河自然保护区总面积的65.61%，河流泡沼约占18.65%。20世纪80年代末期（表4-11），草甸面积出现迅速增加趋势，而沼泽面积占比则减少约15.57%，主要景观类型的面积大小依次为沼泽＞草甸＞河流泡沼＞森林＞旱地＞水田。近年来，随着周边农场的人类农业生产活动的影响不断加剧，洪河自然保护区内沼泽面积进一步减少，但是沼泽仍为该地区主要景观类型，最大斑块也出现在沼泽景观，草甸面积继续增长，已经超过沼泽面积，二者约占洪河自然保护区总面积的63.54%。2006年（表4-12），各种景观类型的面积顺序依次为草甸＞沼泽＞河流泡沼＞森林＞旱地＞水田。

另外，沼泽斑块数（NP）逐渐增加，2006年比1989年约增长了16倍，其分裂指数（DIVISION）也不断增加，平均斑块面积（AREA_MN）越来越小。尽管洪河自然保护区的建立对生态系统的保护起到了一定作用，而且水田、旱地所占比例极低，但从各时期来看，水田、旱地的面积占比均呈现持续增加趋势。

由各种景观类型的平均分维数（FRAC_MN）来看，1975年，河流泡沼的FRAC_MN最大，这是因为河流泡沼形状复杂，呈现不规则的自然弯曲状；而旱地的形状较为简单，接近欧式几何学中的图形（例如正方形），因此，旱地的FRAC_MN最小。1989年和2006年，FRAC_MN最大的景观类型分别为河流泡沼、森林这两种自然景观类型；受到人为开垦活动的影响的水田、旱地等景观类型的形状较为规则，因此，两个年份的景观平均分维数的最小值分别出现在水田和旱地。

从反映聚散性的景观指数（IJI）来看，1975年，沼泽比其他景观类型的IJI大，这说明与沼泽相邻的其他种类的斑块类型比与另外几种景观类型相邻的斑块类型多；而1989年和2006年则分别以旱地、河流泡沼的IJI为最大。

表 4-10　1975 年洪河自然保护区景观指数

景观指数		景观类型						
		沼泽	河流泡沼	森林	草甸	水田	旱地	其他
面积与边界	CA/hm²	16 403.96	4663.37	3128.42	794.71	0	13.46	0
	PLAND/%	65.61	18.65	12.51	3.18	0	0.05	0
	LPI/%	57.35	18.65	7.64	2.35	0	0.05	0
	AREA_MN/hm²	3280.79	4663.37	260.70	397.36	0	6.73	0
	ED/(m·hm⁻²)	6.02	3.86	4.67	1.28	0	0.05	0
斑块形状与密度	NP/个	5.00	1.00	12.00	2.00	0	2.00	0
	PD/(个·10⁻²hm²)	0.0200	0.0040	0.0480	0.0080	0	0.0080	0
	LSI	3.53	4.29	6.64	2.84	—	1.39	—
	SHAPE_AM	2.35	4.29	2.96	2.06	—	1.23	—
	FRAC_MN	1.1156	1.1650	1.1158	1.0974	—	1.0961	—
聚散性	IJI/%	72.80	57.95	61.78	55.42	—	0	—
	DIVISION	0.6679	0.9652	0.9937	0.9994	—	1.0000	—

注：$1\ hm^2=10^4\ m^2$。CA 为斑块类型面积，PLAND 为斑块占景观面积比例，LPI 为最大斑块占景观面积比例，ED 为边缘密度，PD 为斑块密度，LSI 为景观形状指数，SHAPE_AM 为面积加权的平均形状指数，下同。

表 4-11　1989 年洪河自然保护区景观指数

景观指数		景观类型						
		沼泽	河流泡沼	森林	草甸	水田	旱地	其他
面积与边界	CA/hm²	12 511.35	4804.30	2301.79	5191.23	5.08	189.11	0
	PLAND/%	50.04	19.22	9.21	20.76	0.02	0.76	0
	LPI/%	45.65	19.22	6.75	7.82	0.02	0.29	0
	AREA_MN/hm²	2085.23	4804.30	191.82	741.60	5.08	13.51	0
	ED/(m·hm⁻²)	4.81	4.49	5.21	6.32	0.04	0.90	0
斑块形状与密度	NP/个	6.00	1.00	12.00	7.00	1.00	14.00	0
	PD/(个·10⁻²hm²)	0.0240	0.0040	0.0480	0.0280	0.0040	0.0560	0
	LSI	3.67	4.73	7.04	5.63	1.13	6.69	—
	SHAPE_AM	2.47	4.73	4.54	2.25	1.13	2.79	—
	FRAC_MN	1.1010	1.1758	1.1155	1.1147	1.0264	1.1054	—
聚散性	IJI/%	73.94	79.99	70.53	69.91	0	87.60	—
	DIVISION	0.7905	0.9631	0.9950	0.9897	1.0000	1.0000	—

表 4-12　2006 年洪河自然保护区景观指数

景观指数		景观类型						
		沼泽	河流泡沼	森林	草甸	水田	旱地	其他
面积与边界	CA/hm²	7272.83	4524.79	3346.39	8615.51	290.52	953.84	0
	PLAND/%	29.09	18.10	13.38	34.46	1.16	3.81	0
	LPI/%	24.10	18.08	6.67	23.67	0.62	1.15	0
	AREA_MN/hm²	69.93	646.40	85.80	478.64	19.37	39.74	0
	ED/(m·hm⁻²)	16.07	4.05	9.75	13.90	1.07	2.77	0
斑块形状与密度	NP/个	104.00	7.00	39.00	18.00	15.00	24.00	0
	PD/(个·10⁻²hm⁻²)	0.42	0.03	0.16	0.07	0.06	0.10	0
	LSI	11.95	4.79	10.98	9.81	5.57	6.56	—
	SHAPE_AM	6.44	4.70	4.77	6.61	1.93	1.91	—
	FRAC_MN	1.1025	1.0905	1.1183	1.0982	1.1151	1.0889	—
聚散性	IJI/%	58.54	93.54	58.73	69.87	76.29	69.43	—
	DIVISION	0.9415	0.9673	0.9948	0.9362	1.0000	0.9997	—

4. 小结

本节基于遥感和地理信息系统平台对洪河自然保护区及周边 3 个农场的景观格局变化过程进行了详细分析，不仅在时间过程的层面分析了 30 年的研究区景观格局变化过程，也从空间分布的角度对 4 个子单元的景观变化进行了对比。另外，针对人为因素对湿地景观格局影响进行了两者之间的相关性分析，并对它们之间的关系进行了曲线拟合，为湿地景观格局变化过程的驱动机制研究奠定了基础。

本节主要针对典型自然沼泽湿地和人工地物面积变化进行了对比分析，并结合遥感图像信息源的时相以及研究区内湿地资源分布特征，参照国内外湿地类型划分方法，将该区地物景观依据遥感影像精度特征分为 7 种类型，即沼泽、河流泡沼、森林、草甸、水田、旱地、其他景观类型。应用遥感和地理信息系统软件完成了研究区 3 个时期地表覆被景观制图，基于地形图、野外实地验证数据对分类精度、Kappa 系数进行计算，得到 1975 年、1989 年、2006 年 3 个时期的分类总精度分别为 92.33%、92.60% 和 90.41%，Kappa 系数（N=365）分别为 86.66%，89.47%，86.93%。

基于研究区 30 年时间尺度过程 3 个典型时段的景观变化遥感制图结果，能够分析该地区的湿地动态变化过程（如沼泽、水田、旱地等地物景观类型的景观格局在 30 年变化过程中的消长特征等）。

第5节 建筑物提取方法及应用

聚落生活系统分为物质空间系统和非物质文化系统两部分，包括基于不同地域村民日常生活逻辑形成的聚落形态、乡村建筑、场所环境和乡土文化。乡村的地理条件制约和生产特征使得村民逐渐形成一定的习俗文化和行为方式，构成独特的聚落社会网络环境。同时聚落生活系统也是村民进行生产、生活的地理空间，反映村民生活的各个侧面，形成风格各异的乡土风格。

随着城市的快速扩张，利用遥感大地球数据进行村镇社区尺度聚落生态系统（如建筑物）监测对于研究村镇社区发展及其城市化至关重要，高效、准确的建筑物提取方法在灾害应急、导航和城市规划等中的应用越来越成为相应方向的研究热点（Ning et al., 2017; Chen et al., 2020）。然而，由于复杂的背景对象和来自各种遥感图像的不同视角，导致基于高空间分辨率遥感图像快速、准确地获取建筑物提取结果仍然存在较大挑战（Wang et al., 2020）。迄今为止，建筑物提取方法主要集中在多尺度特征学习上，它忽略了多个纵横比的特征。此外，需要后处理来改进分割性能。

深度学习的出现使建筑物检测有了显著的改进，并避免了人工设计特征的要求。U-Net 已广泛用于建筑物检测，它是一个具有编码-解码结构的神经网络，具有结构简单、运行高效的优势。除了 U-Net，其他语义分割模型结构在建筑物检测应用中也有很多重要的研究，包括 Mask-Regional Convolutional Neural Network、LinkNet 和 DeepLab。然而，目前已发表的研究大多采用后处理方法来优化建筑物提取结果，耗时而且不便捷。而且，由于遥感影像中的建筑物呈多种形态，不同方向的多尺度特征学习在目前的研究中考虑得较少。

为了解决上述问题，本节提出了语义分割模型 MSegnet。MSegnet 是一种基于卷积矩阵构建的端到端的语义分割模型，可以用于提取多个尺度和具有不同长宽比的形状地物的特征，所提出的模型结构不需要后处理，而且运行简单。由于高空间分辨率遥感影像中的建筑物多具有不同形状和方向的光谱特征，MSegnet 的结构提供了一种从复杂背景地物中学习建筑物复杂特征的潜在实用方法。

1. 模型与框架

一般来说，建筑物检测的研究经历了 3 个过程，即手动阈值、机器学习和基于深度学习的建模。前两个过程被认为是传统方法，侧重于光谱和纹理特征工程。尺度不变特征变换、定向梯度直方图、局部二元模式、灰度共生和 Haar 小波变换是建筑物检测中常用的特征。此外，相关研究还探索了几何特性、纹理特性和基于图的理论。随机森林、支持向量机、贝叶斯最大似然法和 Adaboost 在构建建筑物提取模型领域是常用的机器学习模型（Hänsch et al., 2010；Li et al., 2011）。然而，上述方法需要大量的特征工程，这在很大程度上依赖于相关应用的专业知识和经验。

本节所提出的 MSegnet 框架如图 4-28 所示，主要包括两部分——基层网络和矩阵层模块。基层网络采用的是 ResNet-50（He et al., 2016），一个 50 层的残差神经网络。ResNet 是一个广泛用于对输入图像编码的基层网络（Peng et al., 2020），主要用于缓解深度神经网络中增加深度带来的梯度消失问题（He et al., 2015）。矩阵层模块用于对 ResNet-50 编码后的特征图学习多尺度和不同长宽比的特征图，进而生成建筑物提取结果图。本节采用的矩阵层结构如图 4-29 所示，对输入特征图分别采用步幅为 1×2、2×1 和 2×2 的卷积操作分别从水平、垂直和对角方向学习特征图，分别得到标记为绿色、粉色和蓝色的特征图。每一个特征图通过双线性上采样到相同的尺寸，拼接后得到矩阵层输出

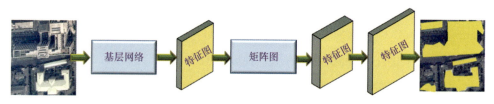

图 4-28　MSegnet 框架

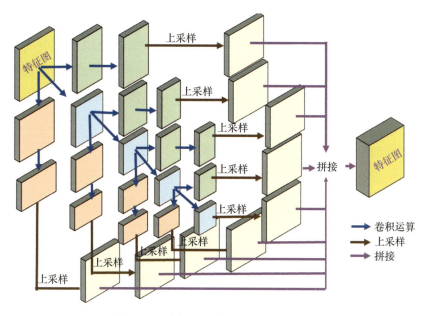

图 4-29 中矩阵层模块的详细网络结构

特征图。最后通过双线性上采样到与输入图像相同的尺寸,并生成最终的建筑物提取结果图。

在整个 MSegnet 网络结构中,采用的激活函数是常用于神经网络结构的线性整流函数(Long et al., 2015; Ronneberger et al., 2015)。同时,采用焦点损失函数(Lin et al., 2017)来训练网络,避免模型训练过程中的样本分布不平衡问题,本节中 gamma 设置为 2,α 设置为 0.25。为了评估本节提出的 MSegnet 的稳健性和可靠性,将其应用于 WHU 建筑物数据集(Ji et al., 2019b)并与其他已发表的方法进行比较。焦点损失函数为:

$$L_{\text{focal}} = -\alpha \text{gt}(x, y)[1-\text{pred}(x, y)]^{\text{gamma}} \lg \text{pred}(x, y) - \\ (1-\alpha)[1-\text{gt}(x, y)]\text{pred}(x, y)^{\text{gamma}} \lg[1-\text{pred}(x, y)]$$

2. 数据与方法

(1) 数据基础

为了评估 MSegnet 的稳健性和可靠性,本节将其应用于 WHU 建筑物数据集,计算了相应的评价统计数据。WHU 建筑物数据集覆盖了新西兰克赖斯特彻奇大约 450 km^2 的区域,涵盖大约 187 000 座建筑物。影像的空间分辨率为 0.3 m,所有图像都被裁剪为 512 像素×512 像素大小的瓦片。该数据集中训练数据集包括 4736 个瓦片，包含大约 130 500 座建筑物。来自 1036 个瓦片的约 14 500 个建筑物被分配到评估数据集，测试数据集包含 2416 个瓦片和约 42 000 个建筑物示例。该数据集的真实值图像被标记为两种标签，即建筑物和非建筑物。

（2）研究方法

本节提出的模型是在 Pytorch 平台上实现的。实验使用两个具有 12GB 内存的图形处理器（GPU）进行。采用自适应矩估计优化策略来优化所提出的网络。初始学习率设置为 0.0001，并在 100 个 epoch 后除以 10。参考最近对建筑物提取的研究，本节以计算精度（precision）、召回率（recall）、F1 分数（F1-score）和交并比（intersection-over-union，IOU）作为评估统计量。精度代表检测出的建筑物的正确率；召回率表示真实建筑物中被正确提取出来的百分比；F1 分数和交并比是综合评价指标，展示了总体表现。

3. 结果与讨论

将所提出的框架应用于 WHU 建筑物数据集，相应的评估统计结果列于表 4-13。为了提供更客观的对比结果，表 4-13 也列出了其他端到端方法在该数据集上取得的精度。可以从表 4-13 看出，本节提出的 MSegnet 优于 U-Net、SegNet 和 FCN-8s 3 种典型网络结构。与典型的网络结构不同，MSegnet 在网络设计中加入了不同长宽比卷积核，可以说是图像分割中一种新型基础网络模块。通过不同网络模块的比较，发现 MSegnet 比广泛使用的 U-Net、SegNet 和 FCN-8s 构建检测模块在交并比方面最高高出近 4%，F1 分数最高高出 3.39%，精度最高高出 7.25%。此外，与 MSegnet 相比，每种典型网络模块的精度也表现出更大的差距，只是 MSegnet 的召回率不够理想。这表明尽管不同影像建筑物分布不同，MSegnet 仍然可以稳健地实现从复杂背景地物中提取建筑物。

SRI-NET 和 SR-FCN 分别由典型的网络模块 SegNet 和 FCN 修改而来，它们的性能取得了显著的提升。从已发表结果来看，SRI-NET 在 F1 分数和交并比方面取得了最先进的性能，而本节提出的 MSegnet 的精度又比 SRI-NET 高 1.24%，召回率低 0.74%，综合评价统计的 F1 分数和交并比分别比 SRI-NET 略高 0.17% 和 0.31%。除了召回率之外，MSegnet 在表 4-13 中列出的所有模型中实现了最佳性能。这进一步验证了矩阵层模块在为建筑物监测提供多尺度和多形状建筑物特征捕获方面具有强大能力。

表 4-13 基于 WHU 建筑物数据集的评估统计结果　　　　单位：%

方　法	精　度	召回率	F1 分数	交并比
U-NET（Ji et al.，2019b）	90.3	94.5	92.35	85.8
SegNet（Liu et al.，2019）	92.11	89.93	91.01	85.56
FCN-8s（Ji et al.，2019a）	89.2	95.3	92.15	85.4
SRI-NET（Liu et al.，2019）	95.21	93.28	94.23	89.09
SR-FCN（Ji et al.，2019a）	94.4	93.9	93.25	88.9
MSegnet	96.45	92.44	94.40	89.40

为了更清晰地分析建筑物提取结果，本节进一步选择了 4 个具有典型建筑物结构的测试结果图像，并在图 4-30 呈现了相应的原始图像、地面真值和检测结果图像。从 WHU 建筑物数据集中的视觉比较中，本节提出的 MSegnet 准确地检测到大多数建筑物，形态特征得以保持。然而，一些小建筑物被省略了，如图 4-30（b）（e）（h）（k）中的绿色圆圈所示。除了未被检测到的建筑物外，背景中还有一些与建筑物具有相似光谱和纹理特征的空心方块。图 4-30（i）中以黄色圆圈标记的这些是在检测结果中被错误识别为建筑物的区域。这种情况是由于训练数据集中小型建筑物的数量少于大型建筑物，使训练后的模型更有可能专注于大型建筑物的检测。因此，可能会在未来的研究中使用过采样策略，就像在小物体检测中执行的那样（Kisantal et al.，2019）。总的来说，这个实验证明了矩阵卷积模块在通过学习多尺度和纵横比的特征来构建检测方面的强大应用潜力。

4. 小结

本节提出了一种端到端语义分割框架 MSegnet，它主要由基层网络结构和矩阵层卷积两个模块组成。矩阵层卷积模块可以通过对输入特征采用不同步幅大小的卷积运算来获取多个尺度和长宽比的特征。通过矩阵特征学习，对生成的不同尺度和纵横比的特征图进行上采样和连接，以进行进一步的像素级标签预测。将 MSegnet 应用于一个广泛使用的公共建筑检测数据集进行评估，与已经发表的端到端语义分割框架在该数据集取得的精度进行对比，与 SRI-NET 相比，F1 分数和交并比分别高出 0.17% 和 0.31%。实验证实了本节提出的框架在检测实际案例

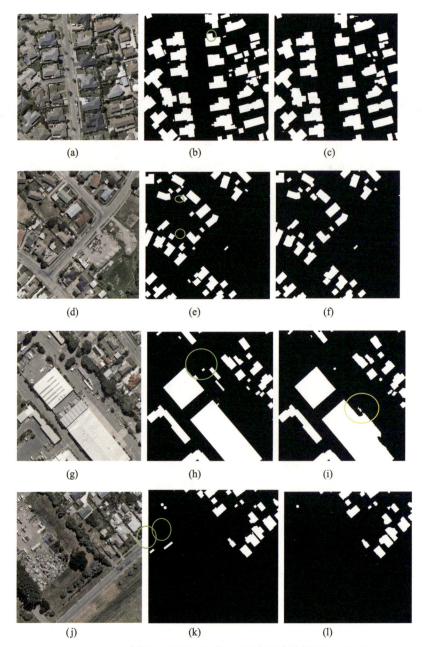

图 4-30　WHU 建筑数据集中典型测试样本的建筑物检测可视化

注：(a)(d)(g)(j) 为原始测试样本；(b)(e)(h)(k) 为地面真值图像；(c)(f)(i)(l) 为 MSegnet 检测结果。

中感兴趣的对象方面的强大潜在适用性和鲁棒性。然而，建议使用的网络模块还有很大的改进空间，特别是在通过采用过采样等策略来检测小型建筑物方面。

第6节　村镇社区的遥感技术应用展望

随着高空间分辨率、高光谱、高时间分辨率遥感卫星技术的不断发展，未来可用的数据将会大量增加。结合人工智能技术的不断发展，遥感技术将由提供信息源向更加广泛的领域发展，将在村镇社区尺度、"三生"系统等各领域得到更加广泛应用。

一是土地整理规划设计。在土地整理领域，利用遥感技术不仅能采集地物要素的平面位置信息，而且能获取土地利用现状信息。如利用航天技术获取区域土地的宏观信息，为进行土地整理潜力分析、编制土地开发整理规划和进行土地开发整理项目选址等提供基础资料。利用航空技术，不仅能获取区域土地的宏观信息，而且能获取微域土地的详细信息，为土地开发整理项目的可行性研究、规划设计等提供准确可靠的资料。土地整理涉及的大量空间信息处理，可以利用强大的空间信息分析和管理能力的来实施，根据资料与非资料，利用软件，建立土地整理基础信息数据库。在土地整理基础信息数据库的基础上，能很方便地实现土地整理规划设计、图件制作和成果输出等。

二是耕地质量监测。土地是农民最可靠的生存保障，而耕地是土地资源的精华，是人类获取基本生活资料的基础条件之一，是农村可持续发展的根本保证。然而，由于城市迅速扩张，导致人地矛盾更加紧张，耕地后备资源严重不足，而耕地是生存之本，自然而然地成为这种矛盾的焦点。国家一再颁布相关政策，保障耕地质量。随着每年大量土地利用数据的出现，如何利用遥感技术和计算机技术挖掘数据中的有用信息成为当今土地科学领域研究的热点内容。土地估价与定级、耕地质量评价、更加精准的耕地时空数据库、基本农田划分、高标准基本农田建设、耕地整理潜力、土地适宜性评价、耕地利用综合效应评价等各项内容都涉及遥感应用等方面。

三是绿色宜居村镇评价。利用遥感技术对村镇地区的空间特征进行可视化处理，利用空间紧凑度与设施便利度的算法公式进行相关指标的计算，可以更加直观地、快速地进行定量化评价与分析村镇地区的绿色宜居建设水平，为村镇地区的空间优化设计提供基础数据支撑。

四是村镇建设用地扩展预测分析。村镇建设用地的发展变化是各种驱动力共同作用的结果。利用地理信息系统和遥感技术构建村镇用地变化马尔科夫转移矩阵，基于 MGE 模型对驱动力因素进行量化，并生成元胞自动机的转换规则，最终构建村镇建设用地变化预测模拟分析模型。

五是城镇化时空变化过程。利用长时间序列遥感卫星影像数据使得城镇化时空变化过程监测成为现实，可实现动态展示城镇化发展变化特点，并以此制定符合地域特色的城镇化可持续发展策略。

六是食品品质安全信息快速检测。光谱分析技术与智能手机的融合，促进了面向普通民众的高光谱应用。借助于嵌入智能手机里的光谱仪，人们能够随时随地用手机快速检测果蔬农药残留和食品安全等信息。

七是传统村落空间布局。传统村落地域分布广泛，所处地理环境多样，用无人机遥感技术取代传统人工方法调研其空间布局与建筑形式，可以大大提高调研效率，具有采样周期短、数据全面、分辨率高、像幅小、适应复杂地形等优势，在处理中小尺度的村落空间信息方面，具有很大应用潜力。

八是数字村庄管理信息系统（DVMIS）研究、开发与应用。行政村是农村的基本单位，也是政府和各部门农村信息统计的源。行政村内生产、生活、事务、资源管理等都需要信息技术和空间技术支撑，这样才能实现村务公开、管理科学、行政高效。面向农业基层行政村，利用地理信息系统技术和遥感技术，针对村务、农业生产经营与资源管理，可以进行数字村庄管理信息系统的设计与开发研究。

第 5 章 村镇社区生态敏感性评价

生态敏感性是指生态系统对人类活动干扰和自然环境变化的反映程度，说明发生区域生态环境问题的难易程度和可能性大小。具体来说，一般是指在同样的人类活动影响或外力作用下，各生态系统出现区域生态环境问题（如水土流失、沙漠化、生物多样性受损和酸雨等）的概率大小（欧阳志云 等，2000）。因此，生态敏感性评价通常包含针对水土流失等区域生态环境问题的相关评价指标的选择与确定，并基于这些指标计算待评价区域中各地的相应得分，从而识别出生态环境各维度的高敏感地区。根据目前生态敏感性评价的相关研究进展，除自然生态环境问题外，具有特殊价值的人文和自然景观、自然灾害风险等一般也被认为属于生态敏感性评价的相关内容。

基于自然资源部发布的《指南》及相关研究进展，本书将村镇社区生态敏感性评价分为生态脆弱性和生态系统服务功能重要性评价两个不同的维度（图 5-1），前者主要反映村镇社区范围内不同区域生态系统中出现各类区域生态环境问题的概率大小，后者则主要反映不同区域生态系统能够提供的各类生态系统服务功能的强弱。从这两个维度出发，可以比较全面地衡量村镇社区不同区域生态保护的迫切性和重要程度，识别出村镇社区中需要进行生态保护的高优先级区域，为村镇社区生态系统空间优化和规划提供科学合理的支撑。

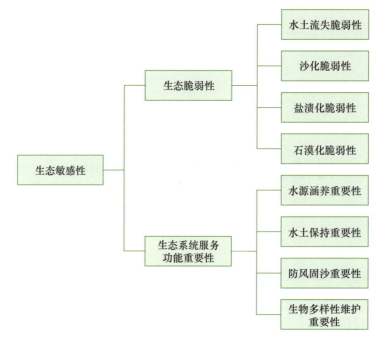

图 5-1　生态敏感性评价的维度

第 1 节　研究综述

1. 生态脆弱性研究进展

作为一个跨学科的概念，脆弱性（vulnerability）较早被应用于对自然灾害的研究，后逐渐延伸到生态学、气候变化、经济学等多个领域（李鹤 等，2008；刘小茜 等，2009）。尽管脆弱性在科学研究以及政策制定中已经成为广泛应用的术语，但目前仍然缺乏统一完善的概念框架，其概念内涵也仍在不断发展丰富。

在概念发展的过程中，脆弱性的要素理解由单一要素向多元要素变化，研究对象也由单一系统逐渐向复合系统转变。早期学者如 Timmerman（1981）和 Kates 等人（2001）关注脆弱性中的风险和损失，认为脆弱性反映的是一个系统损伤程度的大小。在 20 世纪末至 21 世纪初，学者进行了更丰富的理论研究，认为脆弱性的概念应当考虑系统内、外部条件和人类活动等多方面因素，包括暴露度、易损性、敏感性、适应力、恢复力等要素。尽管这些要素之间仍有一定程度的混淆和重叠，各学者对脆弱性概念的理解和认识也仍存在不一致的情况，但总体看来，脆弱性的内涵在不断丰富、边界在不断扩张（表5-1）。从脆弱性研究对象来看，早期研究多针对单个系统或是单个系统下的各个子系统开展分析（De Lange et al., 2010）。21世纪以来，可持续性科学（sustainability science）的发展将脆弱性的关注重点转移到人类-环境耦合系统（Turner et al., 2003）。这一转变意味着脆弱性不仅关注对单一系统的认识与理解，而且更加关注人地关系和系统可持续发展的问题。

表5-1 相关理论研究中对脆弱性的定义

文　献	英文原文	中文译文
Timmerman，1981	The degree to which a system, or a part of a system may react adversely to the occurrence of a hazardous event	系统或其组成部分应对风险时产生不利反应的程度
Kates et al., 2001	Vulnerability is the capacity to suffer harm or to react adversely	承受伤害或产生不利反应的能力
Smit et al., 2000	Degree to which a system is susceptible to injury, damage, or harm (one part-detrimental-of sensitivity)	系统容易受到伤害的程度（敏感性的有害部分）
McCarthy et al., 2001	Vulnerability is the degree to which a system is susceptible to, or unable to cope with, adverse effects of climate change, including climate variability and extremes. Vulnerability is a function of the character, magnitude, and rate of climate change and variation to which a system is exposed, its sensitivity, and its adaptive capacity	系统易受或没有能力应对气候变化，包括气候变率和极端气候事件的不利影响的程度。脆弱性是某一系统气候的变率特征、幅度和变化速率及其敏感性和适应能力的函数
Adger，2006	The state of susceptibility to harm from exposure to stresses associated with environmental and social change and from the absence of capacity to adapt	由于暴露在与环境和社会变化相关的压力下以及缺乏适应能力而容易受到伤害的状态
Nelson et al., 2007	The susceptibility of a system to disturbances. determined by exposure to perturbations, sensitivity to perturbations, and the capacity to adapt	系统对干扰的易感性。由暴露、对扰动的敏感性和适应力决定

在脆弱性评价方面，由于脆弱性是一个包含多维度视角和多变量属性的概念，因而对其评价的指标体系也具有较强的综合性与复杂性（Dossou et al.，2021）。从现有研究来看，学界对于脆弱性的测量和分析仍然缺少相对成熟且统一的观点与方法。目前，最常见的对脆弱性分析的视角是将其看作暴露度、敏感性和适应力的函数，其中，暴露度是指系统受外界干扰的可能性大小，敏感性是指系统受到干扰后响应的程度大小，适应力则是指系统在响应干扰后恢复到平衡状态的能力。

从这一视角出发，生态脆弱性可以看作是特定空间和时间尺度下，一个生态系统对外部干扰的敏感程度以及恢复能力（陈佳 等，2016）。尽管生态脆弱性具有了概括性的框架，概念的复杂性仍然给评价研究带来了一定障碍，形成了多样化的指标和方法体系。一方面，脆弱性是一个相对而非绝对的概念，在不同的系统中普遍存在。评价对象自身的本底特征、组成要素等方面的差异意味着生态脆弱性评价难以按照统一的方法开展。城市区域和农村社区的生态脆弱性显然不能采用同样的方法来衡量。另一方面，即使是相似的研究对象，由于学者的视角不同，或是其生态脆弱性的成因与表现的较大差别，评价研究也可能具有不同的侧重点。因此，系统的多尺度与多要素带来的不确定性促使生态脆弱性研究考虑评价的空间尺度问题（Schröter et al.，2005）。因此，针对村镇社区的微观尺度和乡村属性的生态脆弱性评价形成了一些典型的特点，同时也面临着如第1章中所讨论的一些特定挑战。

从现有研究来看，国内外生态脆弱性评价的关注重点有所不同。国内的生态脆弱性研究起源于"生态脆弱带"（ecotone）这一概念，最早用于描述脆弱生态环境的敏感性与退化趋势（牛文元，1989；罗承平 等，1995）。相关研究旨在为区域开发和生态保护提供依据，因此对定量的区划方法十分关注，评价内容主要包括生态系统自身的要素属性、要素间结构等内容。而在国外研究中，生态脆弱性作为典型脆弱性研究的一个分支出现，因此与风险管理、全球变化和可持续发展领域的联系更加密切，关注生态系统中脆弱性的产生、调节和改善（刘小茜 等，2009；Kates et al.，2001）。随着人地耦合系统这一理论视角的发展，对社会-生态系统整体开展脆弱性评价的研究也日益丰富。

已有的关于生态脆弱性的研究大多从两方面展开：其一是关注生态要素分

布的空间区划研究，其二是在相对微观尺度上关注生态风险应对的社区研究。其中，空间区划研究是在定量评价的基础上进行生态脆弱性的空间区域划分，这也是国内学者开展生态脆弱性评价的重点。基于区划的结果表达能够明确展示出脆弱程度的空间差异以及不同区域中生态脆弱性的成因与表现，为维持保护和开发之间的平衡和有关部门的治理提供参考。在进行生态脆弱性区划研究时常采用的模型有"压力-状态-响应"（PSR）、"敏感-弹性-压力"（SEP）、"暴露-敏感-适应"（VSD）等模型，VSD模型是目前学术界最常采用的一种评估模型，它能够对暴露度、敏感性与适应力进行综合的衡量，同时在评价具有不同特征的研究对象时能够灵活调整指标。在该模型的基础上，一些学者在衡量生态脆弱性空间分布的评价研究中提出了创新的评价模型，如Frazier等人（2014）提出的显式空间脆弱性（spatially explicit resilience-vulnerability，SERV）模型等，这一模型以VSD模型为基本思路，强调将地方性指标纳入评价以反映信息的空间分布，提高评价的准确性与空间应用价值；亦有学者更长远地考虑了生态脆弱性的时序变化和未来的生态脆弱性预测（Li et al.，2021）。

无论采用何种模型对区域生态脆弱性进行评价，空间区划研究的最终目的都是合理划定生态脆弱性分区，因而明确不同分区的含义是关键所在。目前，综合指数法是一种生态脆弱性区划研究中广泛使用的、能够有效识别生态脆弱性程度和成因的方法。该方法通过无差别聚合、模糊逻辑和加权指标等途径来计算生态脆弱度的相对指数，评价系统整体或各组成成分的生态脆弱性，并根据指数值的差异进行分区。分区的含义直观体现在相应的指标选择上，而指标的选择则取决于学者对区域生态脆弱性的理解。但目前，在村镇尺度的空间区划研究仍然存在一定问题。首先，评价在空间数据精度方面受到一定限制，有学者采用了景观指数、农户问卷、实地监测数据等多样化的数据来源，但上述数据的通用性和可信度较低，且考虑到数据自身质量以及指标的适用性，提升现有常用数据的精度的可能性和意义有限，因而村镇尺度生态脆弱性评价的发展尚需要数据质量的进一步提升作为支持。其次，现有研究在对分区的含义理解中仍存在一定的不合理之处，基于指数计算法的分区结果反映的是区域内部的相对脆弱性而非环境本身的脆弱程度，因此在没有考虑阈值的研究中使用中度脆弱、极度脆弱等有明确内涵的词语来描述分区结果的做法可能是不妥当的。最后，由于缺少响应的理论支持和研究基础，对生态脆弱性的未来发展预测仍然十分不足，要想科学评价区域生态系统状况并据此提供空间规划优化策略，必须充分理解生态脆弱区域随时间推移和情境变化的动态过程，合理地给出未来脆弱性的发展趋势。

生态脆弱性评价相关研究的另一主要方面则是微观尺度的社区研究，这一研究视角在国外生态脆弱性评价中更为普遍。与重视生态要素分布差异性的空间区划研究相比，这一类型的评价研究大多是以单个或多个相似社区为研究对象，重点关注社区的生态风险评估、内部系统机制以及社区之间的差异，主要目的在于明确不同社区在生态脆弱性应对中的优势和劣势，从而制定适当的生态脆弱性应对措施。在社区研究中，学者更加关注暴露度和适应力的问题，除了前文所述的 VSD 框架以外，还提出了许多其他框架对社区生态脆弱性进行综合评价，这些多样化的框架使得学者可以更具有针对性地分析特定风险对生态脆弱性的影响机制，以及社区应当如何应对变化并改善其生态脆弱性。但与此同时，分析框架的不唯一性也导致了社区生态脆弱性评价的差异性，不同学者对不同区域进行生态脆弱性评价时所考虑的因素复杂多样，不利于相关研究的进一步深入。此外，由于在社区生态脆弱性评价中的部分因素难以量化，生态脆弱性社区研究中评价的方法相比空间区划研究也更为灵活，半定量方法与定性分析方法的应用更加广泛，许多现有研究采用了问卷调查、访谈、焦点小组等多种不同形式获取社区层面的相应资料，为管理和决策提供了更丰富的数据来源。

2. 生态系统服务功能重要性研究进展

生态系统服务功能概念自提出以来一直备受学界关注，是生态学领域的研究前沿问题之一。所谓生态系统服务功能，是指生态系统及其生态过程形成和维持的人们赖以生存和发展的自然环境条件和效用，是人们直接或间接从生态系统中获取的利益（Costanza et al., 1997；李月臣 等，2013）。一般认为，生态系统为人类提供了食品、燃料、医药以及其他生产、生活原料，同时也维持了人类赖以生存的生命支持系统，还保障了生命物质的生物、地球、化学循环，水文循环，以及生物物种和遗传的多样性，即生态系统服务功能可被分为产品提供功能、调节功能、文化功能、支持功能 4 大类。由于生态系统的大部分服务功能并没有在市场中完全体现，难以同其他显而易见的收益相比较，因此在以往的政府决策中常常被忽视，进而导致生态系统退化以及自然环境的大面积恶化。因此，对生态系统服务功能的评价有利于帮助人们更好地理解和认识生态系统中发生的生态过程、内在机理及其多维效应，从而认识到生态系统为人们提供的支持、调节、产品和文化等服务功能的重要性，进而促进人类对生态系统的保护，保障人类的可持续发展（李东，2011）。

学者较早就尝试对生态系统服务功能进行评价，但真正系统性地明确生态系统服务功能的概念、价值估算原理以及方法的研究则是1997年Costanza等人（1997）极具影响力的 *The value of the world's ecosystem services and natural capital* 一文。受到该研究的影响，21世纪以来国内外学者关于生态系统服务功能的研究大多是采用各种定量方式对不同生态系统服务功能进行价值化的估算，试图厘清各种生态系统类型在不同服务功能方面的价值，有利于全面认识生态资产总量、理解生态系统服务功能的不足，从而科学制定和实施相应的生态环境保护政策和措施（欧阳志云 等，1999；谢高地 等，2015）。整体上来看，目前关于生态系统服务功能重要性的研究大多仍然聚焦某地域范围内不同类型生态系统之间或不同类型服务功能之间的差异，很少关注某地域范围中不同区域之间的生态系统服务功能的差异。然而，生态系统服务功能重要性对识别区域生态系统服务功能的空间分布规律进而识别生态系统保护重点区域具有重要意义。

基于空间分区的思想，借鉴生态系统服务功能相关研究进展，2002年，国家环境保护总局发布了《生态功能区划暂行规程》，其中相对全面和系统地明确了生态系统服务功能重要性的评价方法，包括生物多样性保护、水源涵养和水文调蓄、土壤保持、沙漠化控制、营养物质保持、海岸带防护等多种生态系统服务功能；并根据各区域不同维度的得分将各地划分为极重要、中等重要、较重要、不重要4个级别，明确其空间分布，并在区域上进行综合。其中，生物多样性保护重要性评价主要是评价区域内各个地区对生物多样性保护的重要性；水源涵养和水文调蓄重要性评价主要针对整个区域对评价地区水资源的依赖程度及其洪水调节作用；土壤保持重要性评价是在考虑土壤侵蚀敏感性的基础上，分析其可能造成的对下游河床和水资源的危害程度与范围；沙漠化控制重要性评价是在沙漠化敏感性评价基础上，分析该地区沙漠化所造成的可能生态环境后果和影响范围，以及该地区沙漠化的影响人口数量；营养物质保持重要性评价是从面源污染和湖泊湿地的富营养化问题角度考虑，评价区域内营养物质保持的重要性；海岸带防护重要性评价则是重点评价海岸防侵蚀区、防风暴潮区，红树林、珊瑚礁、其他重要陆生和海洋生物的分布与繁殖区，及其他维护生态环境安全的重要海岸带、滩涂和近海区等。由此可见，在我国的生态区划工作中，对生态系统服务功能的评价重点主要在支持和调节功能而非产品提供和文化功能。

在此之后的相关评价规程和文件也基本在该规程的评价方法基础上进行改进和调整，并同时影响了学术界对生态系统服务功能重要性的研究范式。例如，在原环境保护部发布的《生态功能分区技术规范》（征求意见稿）中，将生态服务功能评价分为生物多样性维持、水源涵养和洪水调蓄、土壤保持、防风固沙、营养物质保持、产品提供6个维度的重要性评价；2017年环境保护部与国家发展和改革委员会联合发布的《生态保护红线划定指南》中，将生态系统服务功能重要性评估划分为水源涵养、水土保持、防风固沙、生物多样性维护4个维度进行评价，并推荐优先使用模型评估法进行评估；2020年自然资源部发布的《指南》中，则将生态系统服务功能重要性划分为水源涵养、水土保持、生物多样性维护、防风固沙、海岸防护5个维度。这些规程和指南中，几乎都采用了模型评估法，并将评估结果按照数值高低划分为不同等级。这种方法在学术研究中也得到了广泛应用和讨论，成为生态系统服务功能重要性评价的一种研究范式（贾良清 等，2005；凡非得 等，2011）。

从现有研究和政策文件与指南来看，不同于生态系统服务功能估算过程中对产品提供和文化等多方面的关注，我国生态系统评价体系中的生态系统服务功能重要性评价主要着眼于生态空间保护和生态过程，更加侧重生态系统服务功能的自然价值维度。这一特点与生态空间分区及资源环境承载能力评价的目的密切相关。在我国现行的规划体系下，识别生态保护关键区域的目的是为编制国土空间规划、优化国土空间开发保护格局、划定三条控制线、实施国土空间生态修复和国土综合整治重大工程提供科学依据，从而促进形成生态优先、以绿色发展为导向的高质量发展道路。因此，生态系统服务功能重要性评价也是基于这种生态底线约束思维进行的，重点关注生态系统在自然环境方面提供的服务价值高低。但是，无论是在政策制定还是学术研究中，生态系统服务功能重要性评价在村镇尺度上仍然很少进行，其评价方法和应用实践方面的研究依然相对缺失，有必要进行进一步的探索和研究。

第2节 生态脆弱性评价

基于自然资源部发布的《指南》中生态脆弱性评价流程，参考其他相关规程与研究成果，针对村镇社区尺度生态要素与生态过程特点，本书构建了适用于村镇社区的生态脆弱性评价方法和步骤，将村镇社区生态脆弱性评价分为水土流失、沙化、盐渍化和石漠化4个维度进行评价，并考虑到村镇社区的数据可得性和尺度特征，调整、优化了生态脆弱性评价模型与方法，使其在村镇社区尺度上更加简便适用。

1. 水土流失脆弱性评价

（1）评价模型和方法

根据土壤侵蚀发生的条件，水土流失类型可以分为水力侵蚀和风力侵蚀两种。由于风力侵蚀带来的水土流失脆弱性可在沙化脆弱性评价中得到反映，因此此处的水土流失脆弱性评价将主要针对水动力为主的水土流失脆弱性进行评价。参照原国家环境保护总局发布的《生态功能区划暂行规程》以及原国家环境保护部与国家发展和改革委员会联合发布的《生态保护红线划定技术导则》，根据通用水土流失方程的基本原理，利用降水侵蚀力、土壤可蚀性、地形起伏度、地表植被覆盖率等指标，对区域水土流失脆弱性进行评价。评估模型可表示为：

$$水土流失脆弱指数 = \sqrt[4]{降水侵蚀力 \times 土壤可蚀性 \times 地形起伏度 \times 地表植被覆盖率}$$

其中，降水侵蚀力可以用多年平均降水量进行近似替代；土壤可蚀性与土壤质地、土壤有机质含量、土体结构和渗透性等土壤理化性质密切相关，为了便于计算，且考虑到村镇社区范围内各因素的变异程度较小，仅利用土壤质地反映土壤可蚀性程度；地形起伏度能够综合反映区域范围内坡长坡度情况；地表植被覆盖率则可通过遥感等方式获取。

（2）数据来源与预处理

根据前述评价模型，水土流失脆弱性评价所需的数据包括气象数据集、土壤数据集、高程数据集、遥感数据集等。

针对降水侵蚀力，本书及后续应用中使用多年平均降水量进行近似替代，相关数据可根据气象站点数据进行插值获取，所使用的栅格数据分辨率应优于10 m×10 m（其他数据的分辨率应与其保持一致，后文不再赘述）。针对每一栅格，若多年平均降水量＜100 mm，则将该栅格重新赋值为1；若100 mm≤多年平均降水量≤600 mm，则重新赋值为3；若多年平均降水量＞600 mm，则重新赋值为5。

针对土壤质地，每一栅格区域应具有砂粒（sand）、粉粒（silt）、黏粒（clay）3种质地所占土壤的百分比例。在进行水土流失脆弱性评价时，需要按照如下规则进行重新赋值：如果黏粒＞40，重新赋值为1；否则，如果砂粒＞60，重新赋值为1；否则，如果30≤黏粒≤40，重新赋值为3；否则，如果砂粒＞50，重新赋值为3；否则，如果粉粒＞45，重新赋值为5；否则，重新赋值为3。

针对地形起伏度，一般以DEM数据作为基础，利用ArcGIS软件中的邻域分析功能计算每个栅格的地形起伏度，邻域范围采用20 hm² 左右（例如栅格大小为30 m×30 m，则ArcGIS中的邻域范围采用15栅格×15栅格大小，以此类推）。如果地形起伏度＜50，重新赋值为1；如果50≤地形起伏度≤300，重新赋值为3；如果地形起伏度＞300，则重新赋值为5。

针对地表植被覆盖度，一般基于遥感影像进行计算得到。如果某一栅格地表植被覆盖度≥60%，则重新赋值为1；如果20%＜地表植被覆盖度＜60%，则重新赋值为3；如果地表植被覆盖度≤20%，则重新赋值为5。

（3）计算方式

将各所需指标统一为5 m分辨率的栅格数据，按照上述分级赋值方式得到各栅格各指标的得分，利用ArcGIS软件的栅格计算器功能（Spatial Analyst → Raster Calculator），将降水侵蚀力、土壤可蚀性、地形起伏度、地表植被覆盖度得分相乘后开四次方，得到每个栅格的水土流失脆弱性得分。若计算结果≤2，重新赋值为1，记作不脆弱；若2＜计算结果≤4，重新赋值为3，记作脆弱；若计算结果＞4，重新赋值为5，记作极脆弱。

2. 沙化脆弱性评价

（1）评价模型和方法

在《生态功能区划暂行规程》和《生态保护红线划定技术导则》等相关指南及研究中，一般选取干燥度指数、起风沙天数、土壤质地、植被覆盖度等指标进行沙化脆弱性评价。其中，干燥度指数表征一个地区的干湿程度，反映了某地某时水分的收入和支出情况，通常采用修正的谢良尼诺夫公式计算干燥度指数，该计算方法需要用到全年≥10℃的积温以及全年≥10℃期间的降水量。考虑到村镇社区尺度范围内，通常而言，待评价区域的积温和降水量差异并不大，因此本书对沙化脆弱性的评价方法进行相应简化，不考虑干燥度对村镇社区不同区域沙化脆弱性的影响。因而，评价模型可表示为：

$$沙化脆弱指数 = \sqrt[3]{起风沙天数 \times 土壤质地 \times 地表植被覆盖率}$$

其中，起风沙天数反映了区域内风力对土壤颗粒搬运的程度，通常选用冬春季节大于 $6 \text{ m} \cdot \text{s}^{-1}$ 的起风沙天数累计值评价沙化脆弱性；土壤质地则反映不同类型土壤对风力的抗蚀力，黏质土壤容易形成团粒结构、抗蚀力强，沙质土壤的起沙速率大于壤质土壤的起沙速率，砾质结构的土壤和戈壁土壤的风蚀速率小于沙质土壤；地表植被覆盖率则体现了地表植被对风蚀作用的抵挡和缓和。

（2）数据来源与预处理

根据前述评价模型，沙化脆弱性评价所需的数据包括气象数据集、土壤数据集、遥感数据集等。

针对起风沙天数，对每一栅格而言，若起风沙天数≤10天，重新赋值为1；若10天＜起风沙天数＜30天，则重新赋值为3；若起风沙天数≥30天，则重新赋值为5。

针对土壤质地，每一栅格区域应具有砂粒、粉粒、黏粒3种质地所占土壤的百分比例。在进行水土流失脆弱性评估时，需要按照如下规则进行重新赋值：如果黏粒＞25，重新赋值为1；否则，如果砂粒＞85，重新赋值为5；否则，重新赋值为3。

针对地表植被覆盖度，重新赋值的方式和规则参考水土流失脆弱性评价中的赋值方式。

(3)计算方式

将各所需指标统一为 5 m 分辨率的栅格数据,按照上述分级赋值方式得到各栅格各指标的得分,利用 ArcGIS 软件的栅格计算器功能,将起风沙天数、土壤质地、地表植被覆盖度得分相乘后开三次方,得到每个栅格的沙化脆弱性得分。若计算结果≤2,重新赋值为 1,记作不脆弱;若 2＜计算结果≤4,重新赋值为 3,记作脆弱;若计算结果＞4,重新赋值为 5,记作极脆弱。

3. 盐渍化脆弱性评价

(1)评价模型和方法

盐渍化脆弱性通常取决于蒸发量与降水量之比、地下水矿化程度、地下水埋深、土壤质地等因素。考虑到在村镇社区尺度下,地下水矿化程度以及地下水埋深不会存在太大的差异,且相关数据的获取较为困难,也难以实施监测和测量,因而本书中对村镇社区的盐渍化脆弱性评价将不考虑地下水矿化程度和地下水埋深差异带来的影响。基于这一假设,盐渍化脆弱性计算公式可表示为:

$$盐渍化脆弱指数 = \sqrt[2]{蒸发量与降水量之比 \times 土壤质地}$$

(2)数据来源与预处理

根据前述评价模型,盐渍化脆弱性评价所需的数据包括气象数据和土壤数据。

针对蒸发量与降水量之比,对每一栅格进行蒸发量与降水量比值的计算,相关数据可基于气象站点资料进行插值获得,如果比值≤3,重新赋值为 1;如果 3＜比值＜15,重新赋值为 3;如果比值≥15,则重新赋值为 5。

针对土壤质地,每一栅格区域应具有砂粒、粉粒、黏粒 3 种质地所占土壤的百分比例。在进行盐渍化脆弱性评价时,需要按照如下规则进行重新赋值:如果黏性＞25,重新赋值为 1;否则,如果砂粒＞85,重新赋值为 1;否则,如果砂粒＜55,重新赋值为 3;否则,重新赋值为 5。

(3)计算方式

将各所需指标统一为 5 m 分辨率的栅格数据,按照上述分级赋值方式得到各栅格各指标的得分,利用 ArcGIS 软件的栅格计算器功能,将蒸发量与降水量之比、土壤质地得分相乘后开方,得到每个栅格的盐渍化脆弱性得分。若计算结果

≤2，重新赋值为1，记作不脆弱；若2＜计算结果≤4，重新赋值为3，记作脆弱；若计算结果＞4，重新赋值为5，记作极脆弱。

4. 石漠化脆弱性评价

（1）评价模型和方法

石漠化脆弱性评价是为了识别容易产生石漠化现象的区域。石漠化现象是土地在受到降雨冲刷、风力侵蚀等外力作用的情况下，地表土壤流失、基岩裸露、土地丧失农业利用价值以及生态环境退化的现象，尤其是在蓄水能力差、成土时间久的碳酸岩基岩地区更为常见。参照《生态保护红线划定技术导则》等相关指南与研究成果，利用碳酸岩出露面积百分比、地形坡度、地表植被覆盖度等因子进行石漠化脆弱性评价。评价模型可表示为：

$$石漠化脆弱指数 = \sqrt[3]{碳酸岩出露面积百分比 \times 地形坡度 \times 地表植被覆盖度}$$

（2）数据来源与预处理

根据前述评价模型，石漠化脆弱性评价所需的数据包括土壤数据集、高程数据集、遥感数据集等。

针对碳酸岩出露面积百分比，对每一栅格而言，若碳酸岩出露面积百分比≤30%，重新赋值为1；若30%＜碳酸岩出露面积百分比＜70%，重新赋值为3；若碳酸岩出露面积百分比≥70%，则重新赋值为5。

针对地形坡度，通常基于DEM高程数据进行计算，相关操作可以在ArcGIS中完成。对每一栅格而言，若该栅格内的平均坡度≤8°，重新赋值为1；若8°＜平均坡度＜25°，重新赋值为3；若平均坡度≥25°，则重新赋值为5。

针对地表植被覆盖度，重新赋值的方式和规则参考水土流失脆弱性评价中的赋值方式。

（3）计算方式

将各所需指标统一为5 m分辨率的栅格数据，按照上述分级赋值方式得到各栅格各指标的得分，利用ArcGIS软件的栅格计算器功能，将碳酸岩出露面积百分比、地形坡度、地表植被覆盖度得分相乘后开三次方，得到每个栅格的石漠化脆弱性得分。若计算结果≤2，重新赋值为1，记作不脆弱；若2＜计算结果≤4，重新赋值为3，记作脆弱；若计算结果＞4，重新赋值为5，记作极脆弱。

5. 生态脆弱性综合评价

生态脆弱性综合评价基于前述水土流失、沙化、盐渍化、石漠化4种生态脆弱性评价结果，对待评价区域的生态脆弱性进行综合研判与评价。针对每个栅格，计算其水土流失、沙化、盐渍化、石漠化4种生态脆弱性的最大值，作为该栅格的生态脆弱性综合评价结果。评价结果分为3个等级，若脆弱性得分为1，记作不脆弱；若脆弱性得分为3，记作脆弱；若脆弱性得分为5，记作极脆弱。

第3节　生态系统服务功能重要性评价

基于自然资源部发布的《指南》中生态系统服务功能重要性评价流程，参考《生态保护红线划定导则》等其他相关规程与研究成果，考虑到不同生态要素之间的相邻关系会对其生态系统服务功能产生正向或负向的影响（即邻域影响），这种生态要素之间的邻域影响在村镇社区这一相对微观的尺度下尤为重要，且可以为村镇社区生态空间的规划和布局提供一个可行抓手，因此本书在构建村镇社区生态系统服务功能重要性评价体系时对生态要素间的邻域影响进行了特别考虑，即关注生态要素的空间邻接对生态系统服务功能增减的影响，对评价结果进行调整和修正。基于此，本书构建了适用于村镇社区的生态系统服务功能重要性评价方法和步骤，将村镇社区生态系统服务功能重要性评价分为水源涵养、水土保持、防风固沙、生物多样性维护4个维度，并结合生态要素的邻域影响对生态系统服务功能重要性评价结果进行调整，使其更适用于村镇社区层面的生态评价。

1. 邻域影响计算

如上所述，生态要素之间的邻域影响是村镇社区尺度生态评价的重点和特殊之处，邻域影响的计算需要使用土地利用图层、邻域影响强度矩阵数据等进行。其中，土地利用图层须为矢量图层，包含9个面要素，即林地、草地、耕地、园地、水域/滩涂、裸地/荒漠、农村道路、道路、非道路建设用地；邻域影响强度矩阵已在本书第2章中给出，在实际应用中，邻域影响强度矩阵可根据待评价区域内的实际情况进行调整，如重新邀请相关专家进行邻域影响打分等，以更能够因地制宜地反映出不同地区生态要素之间作用结果的差异性。为了简便起见，本章及之后的案例应用中考虑农村道路与其他道路对周边生态要素的生态系统服务功能的影响，但不区分非道路建设用地内部对周边要素的差异化影响。进一步地，为了便于计算，需要将第2章中给出的邻域影响强度矩阵中的各数字加1，从而使得矩阵中各数值围绕1变化（表5-2），若数值大于1，表明风险源对风险受体的生态影响是正向的，能够提升风险受体的生态功能；若数值小于1，表明风险源对风险受体的影响是负向的，会降低风险受体的生态功能。

表 5-2 调整后的生态要素邻域影响强度

风险源	风险受体					
	林地	草地	耕地	园地	水域/滩涂	裸地/荒漠
林地	1.000	1.267	1.267	1.167	1.433	1.600
草地	0.867	1.000	0.933	0.933	1.267	1.367
耕地	0.767	1.000	1.000	1.000	0.933	1.100
园地	0.833	1.000	1.267	1.000	1.233	1.200
水域/滩涂	1.433	1.433	1.333	1.367	1.000	1.533
裸地/荒漠	0.700	0.833	0.767	0.733	0.733	1.000
道路	0.867	0.933	0.833	0.900	0.933	0.967
农村道路	0.960	0.980	0.950	0.970	0.980	0.990
非道路建设用地	0.633	0.700	0.767	0.700	0.633	0.900

生态功能邻域影响的具体计算分为4个主要步骤，即生成缓冲区、生成邻域影响区域、计算邻域影响系数、图层转换。

（1）生成缓冲区

根据第2章中给出的邻域最大影响范围矩阵，确定各类用地对周边用地的邻域影响距离，应用ArcGIS的缓冲区模块，将输入要素设定为风险源图层，距离设置为风险源图层对各目标风险受体图层的邻域作用距离，从而生成若干风险源-风险受体的"影响范围图层"。

（2）生成邻域影响区域

应用ArcGIS中的相交模块，将输入要素设定为风险源-风险受体"影响范围图层"和目标风险受体图层，生成若干"邻域影响图层"，在各个"邻域影图层"的属性表中，生成"impact"列，并根据邻域影响强度矩阵中的各个数值进行相应赋值。

（3）计算邻域影响系数

应用 ArcGIS 中的联合模块，将输入要素设定为各类"邻域影响图层"以及目标区域空白底图（其属性表中的"impact"列设置为1），生成输出图层；在输出图层中将各列中"impact"为 0 的数值更改为 1 后，将各列"impact"相乘，得到最终的邻域影响系数和邻域影响图层。

（4）图层转换

经上述 3 个步骤形成的邻域影响图层为矢量数据，但在后续各维度生态系统服务功能重要性评价中所使用的图层均需要基于栅格数据进行计算。因此，需要将最终得到的矢量格式的邻域影响图层转换成为 5 m×5 m 的栅格图层，栅格的值为各栅格面积加权的平均邻域影响系数。

2. 水源涵养重要性评价

（1）评价模型和方法

水源涵养是生态系统通过其特有的结构，与水发生相互作用并因之对降水进行截留、渗透、存储，并通过蒸散发等过程实现对水流和水循环的调控。水源涵养功能主要表现在缓和地表径流量、补充地下水、降低河流流量的季节性波动、滞洪补枯等方面，对村镇社区乃至更大的区域层面都具有重要意义。通过水源涵养重要性评价工作，可以识别出现有和未来须承担水源涵养功能的重点区域，进而对这些重点区域进行优先保护，避免区域水源涵养能力受到较大损失。衡量水源涵养重要性时，一般采用水源涵养量作为主要指标。其计算模型可表示为：

$$\mathrm{SYHY} = (P_i - \mathrm{DBJLXS}_i \times P_i - \mathrm{ET}_i) \times A_i \times 10^3$$

其中，SYHY 为各栅格的水源涵养量（单位 m³，亦即水源涵养重要性）；P_i 为降水量（单位 mm）；DBJLXS_i 为地表径流系数；ET_i 为蒸散量（单位 mm）；A_i 为 i 栅格面积（单位 m²）。

（2）数据来源与预处理

根据前述计算模型，水源涵养重要性评价所需的数据包括土地利用数据集、气象数据集、蒸散发数据集等。

针对降水量和蒸散量，可以基于各气象站点的数据进行克里金插值得到各栅格的平均年降水量和蒸散量。

针对地表径流系数，首先将土地利用图层转换为 5 m×5 m 的栅格数据，针对每一栅格，若土地利用类型为林地，赋值为 0.0133；若土地利用类型为草地，赋值为 0.15；若土地利用类型为园地，赋值为 0.0417；若土地利用类型为耕地，赋值为 0.0937；若土地利用类型为水域/滩涂，赋值为 0；其他土地利用类型，赋值为 1。

（3）计算方式

根据前述模型，代入各指标数值进行计算，得到各栅格的水源涵养量初步计算结果。之后，基于邻域影响图层，针对每一栅格，计算邻域效应与水源涵养量初步计算结果的乘积，得到邻域校正后的水源涵养量计算结果。基于校正后结果，利用公式"Int[（某一功能的栅格数据－某一功能栅格数据的最小值）/（某一功能栅格数据的最大值－某一功能栅格数据的最小值）×100]"，得到归一化后水源涵养功能图层。将待评价区域内各栅格的归一化后水源涵养量计算结果全部相加后，按照从高到低的顺序排序，计算其累计价值，分别将累计功能量占前 30%、30%～50%、50%～70%、70%～85%、85%～100% 的栅格划分为高、较高、中等、较低、低 5 个层级，分别赋值为 5、4、3、2、1，形成水源涵养重要性评价结果，分别记作极重要、重要、一般、不重要、极不重要。

3. 水土保持重要性评价

（1）评价模型和方法

水土保持是生态系统通过其结构和过程减少由于水蚀引起的土壤侵蚀的作用，是生态系统提供的重要调节服务之一。一般而言，水土保持功能主要与气候、土壤、地形、植被等相关。其中，在村镇社区的尺度下，植被是影响水土保持功能最为重要的因素，因此在本书中村镇社区水土保持重要性评价将仅基于土地利用类型和植被覆盖度两个图层进行，计算步骤更为简便，数据更加易得，在村镇社区尺度更为适用。具体而言，根据每个栅格的土地利用类型及植被覆盖度，按照表 5-3 进行各栅格的赋值。

表 5-3　水土保持重要性赋值规则

土地利用类型	植被覆盖度 /%					
	≤10	10～30	30～50	50～70	70～90	>90
林地	0.900	0.920	0.940	0.980	0.996	0.999
草地	0.550	0.760	0.850	0.910	0.957	0.989
园地	0.600	0.780	0.860	0.913	0.958	0.989
耕地	0.005	0.363	0.542	0.647	0.721	0.779
水域/滩涂	1.000	1.000	1.000	1.000	1.000	1.000
裸地/荒漠	0.300	0.300	0.300	0.300	0.300	0.300
其他	0.990	0.990	0.990	0.990	0.990	0.990

（2）数据来源与预处理

根据水土保持重要性评价的计算方法，水土保持重要性所需数据包括土地利用数据集和遥感数据集等。针对土地利用类型，将待评价区域的土地利用图层按照表 5-3 中类别进行重分类；针对地表植被覆盖度，可基于遥感影像等数据基础进行推算。

（3）计算方式

根据表 5-3 中给出的赋值规则，对各栅格的水土保持重要性进行评价，得到初步结果。之后，基于邻域影响图层，针对每一栅格，计算邻域效应与水土保持重要性初步计算结果的乘积，得到邻域校正后的水土保持重要性计算结果。基于校正后结果，利用公式"Int［（某一功能的栅格数据－某一功能栅格数据的最小值）/（某一功能栅格数据的最大值－某一功能栅格数据的最小值）×100］"，得到归一化后水土保持功能图层。将待评区域内各栅格的归一化后水土保持重要性计算结果全部相加后，按照从高到低的顺序排序，计算其累计值，分别将累计功能量占前 30%、30%～50%、50%～70%、70%～85%、85%～100% 的栅格划分为高、较高、中等、较低、低 5 个层级，分别赋值为 5、4、3、2、1，形成水土保持重要性评价结果，分别记作极重要、重要、一般、不重要、极不重要。

4. 防风固沙重要性评价

（1）评价模型和方法

防风固沙是生态系统（例如森林、草地等）通过其生态结构和过程，减少由于风蚀作用所导致的土壤侵蚀的功能，也是生态系统所提供的重要调节服务之一。防风固沙功能主要与风速、降水、温度、土壤、地形、植被等因素密切相关，一般通过生态系统的防风固沙量来进行该功能的评价。通常采用修正风蚀方程来计算防风固沙量，但该公式所需变量较多、数据收集相对较为困难，如气候因子、地表糙度因子、土壤结皮因子等都需要通过气象数据、土壤质地数据等多源数据进行转换，计算过程也较为复杂，难以在村镇社区尺度生态规划中进行应用。考虑到村镇社区尺度相对较小，风速、重力加速度、空气密度等计算气候因子的相关指标以及土壤可蚀因子、土壤结皮因子、地表糙度因子等指标变异性都很小，可以将整个村镇社区的这些指标视为一致，不会对防风固沙重要性评价结果产生本质影响。因此，本书仅通过比较不同区域的土地利用类型和地表植被覆盖比例来判定各栅格的防风固沙重要性程度。具体的计算公式如下：

$$FFGS = e^{FFGSXS \times C} - 1$$

其中，FFGS 为各栅格的防风固沙重要性，FFGSXS 为各栅格的防风固沙功能系数，C 为各栅格的地表植被覆盖度。具体而言，针对防风固沙功能系数，首先将土地利用图层转换为 5 m×5 m 的栅格数据，针对每一栅格，若土地利用类型为林地，赋值为 0.1535；若土地利用类型为草地，赋值为 0.1151；若土地利用类型为园地，赋值为 0.0921；若土地利用类型为耕地，赋值为 0.0438；若土地利用类型为裸地/荒漠，赋值为 0.0713；其他土地利用类型，赋值为 0。针对地表植被覆盖度，C 的取值为 0～1。

（2）数据来源与预处理

根据防风固沙重要性评价的计算方法，防风固沙重要性所需的数据包括土地利用数据集和遥感数据集等。针对土地利用类型，将待评区域的土地利用图层按照前述类别（即林地、草地、园地、耕地、裸地/荒漠、其他）进行重分类；针对地表植被覆盖度，可基于遥感影像等数据基础进行推算。

（3）计算方式

根据前文给出的赋值规则，对各栅格的防风固沙重要性进行评价，得到初步结果。之后，基于邻域影响图层，针对每一栅格，计算邻域效应与防风固沙重要性初步计算结果的乘积，得到邻域校正后的防风固沙重要性计算结果。基于校正后结果，利用公式"Int［（某一功能的栅格数据－某一功能栅格数据的最小值）/（某一功能栅格数据的最大值－某一功能栅格数据的最小值）×100］"，得到归一化后防风固沙功能图层。将待评价区域内各栅格的归一化后的防风固沙重要性计算结果全部相加后，按照从高到低的顺序排序，计算其累计价值，分别将累计功能量占前30%、30%～50%、50%～70%、70%～85%、85%～100%的栅格划分为高、较高、中等、较低、低5个层级，分别赋值为5、4、3、2、1，形成防风固沙重要性评价结果，分别记作极重要、重要、一般、不重要、极不重要。

5. 生物多样性维护重要性评价

生物多样性维护功能指的是生态系统在维持基因、物种、生态系统多样性等方面发挥的作用，是生态系统提供的最主要功能之一。生物多样性维护有助于生态系统保持相对稳定，且能够为人类提供更广阔的基因库等潜在资源。生物多样性维护功能与珍稀濒危以及特有动植物的分布及其丰富程度密切相关，通常采用国家一级、二级保护物种和其他具有重要保护价值的物种作为生物多样性维护功能的评估指标。因此，本书对生物多样性维护重要性的评价基于村镇社区珍稀物种栖息地图层进行，针对每个栅格，若为为珍稀物种栖息区域，则划定为极重要地区，赋值为5；其他地区记作极不重要地区，赋值为1。

6. 生态系统服务功能重要性综合评价

将各栅格在前述各维度生态系统服务功能重要性评价中的最终结果相加，按照总体得分从高到低排序，计算累计价值，分别将累积价值占前30%、30%～50%、50%～70%、70%～85%、85%～100%的栅格划分为高、较高、中等、较低、低5个层级，分别赋值为5、4、3、2、1，形成生态系统服务功能重要性的综合评价结果。

第 4 节　生态敏感性综合评价

基于前述生态脆弱性评价结果和生态系统服务功能重要性评价结果，进行村镇社区生态敏感性综合评价。具体评价方法是将生态脆弱性评价结果与生态系统服务功能重要性评价结果叠置，针对每个栅格，取其最大数值作为生态敏感性得分，并按照如下规则进行重新赋值：若生态敏感性得分≥4，则重新赋值为5，记作生态极敏感；若3≤生态敏感性得分<4，则重新赋值为3，记作生态敏感；若生态敏感性得分<3，则重新赋值为1，记作生态不敏感。由此，得到最终的生态敏感性综合评价结果。

第 5 节　小　　结

本章系统性地梳理了生态敏感性评价的最新研究进展，回顾了我国现有政策文件中对生态敏感性评价的相关规定，明确了村镇社区生态敏感性评价的概念内涵。在参考现有的《生态保护红线划定技术导则》《指南》等技术指南和规程的基础上，本章将村镇社区尺度生态敏感性评价分为生态脆弱性评价和生态系统服务功能重要性评价两个方面，并基于这两个方面的评价结果形成最终的生态敏感性评价结果。在具体评价步骤上，借鉴现有生态脆弱性评价和生态系统服务功能重要性评价方法，针对村镇社区生态要素和生态过程特点，关注村镇社区规划数量庞大、基础数据获取相对困难、自然环境和社会文化各异等现实问题，简化了生态脆弱性和生态系统服务功能重要性的评价方法，使其更适用于村镇社区规划工作。

相比于生态敏感性评价的现有方法，本章提出的村镇社区生态敏感性评价方法具有如下3方面优势。首先，本章提出的评价方法更关注村镇社区微观生态要素和生态过程特点，强调生态要素之间的相邻关系对生态系统服务功能产生的潜在影响，将生态要素邻域影响引入生态系统服务功能重要性评价中，从而能够更加精准地进行生态敏感性评价。其次，在生态脆弱性和生态系统服务功能重要性评价的具体步骤上，本章提出的评价体系对现有评价方法进行了科学、合理的简化，极大程度上降低了进行生态敏感性评价工作时所需的数据量及计算量，更为简明易懂，为生态敏感性评价在村镇社区的推广和应用提供了可能性。最后，通过本章提供的生态敏感性评价方法，可形成每个村镇社区的若干评价结果分级图，这些图件能够以简洁明了的形式展示村镇社区生态脆弱地区、生态系统服务功能重要地区以及生态敏感地区，从而可以为后续生态空间优化规划提供可行的切入点和抓手，进而推动村镇社区规划的编制和实施。

第6章 村镇社区生态适宜性评价

第1节 生态适宜性的概念与内涵发展

生态适宜性是指由土地具有的水文、地理、地形、地质、生物、人文等特征所决定的，对特定、持续性用途的固有适宜性程度，这一定义最早由McHarg（1969）提出并在科学研究与政策制定中沿用至今。随着相关研究的不断深入，针对生态适宜性的科学研究与规划评价内容从偏重土壤、水文、气候等自然因素，逐渐融入了人口、区域经济水平、交通情况等社会经济因素，并结合生态敏感性评价，最终形成了自然-社会-经济-生态的综合评价体系（关小克 等，2013）。因而，生态适宜性评价是一个兼顾生产、生活、生态等多方面内涵的综合性工作，能够为区域空间规划与布局提供重要参考。

生态适宜性与"土地适宜性"是在当前研究与规划中时常混用的概念，不同学者对其概念区分观点不一。作为生态适宜性概念的提出者，McHarg对生态适宜性的界定是借鉴了生态学中生态系统发展的"可持续性"概念，重视土地本身的自然禀赋与生态过程，并强调土地利用须遵循固有价值与过程。因此，生态适宜性概念强调土地的生态可持续利用。在当前的科学研究与规划实践中，并未严格地区分生态适宜性与土地适宜性的概念。部分学者认为一般意义上的土地适宜性评价仅考虑土地资源对某种利用用途的适宜性，强调土地质量与利用要求的匹配，主要根据反映农林牧生产力的限制或适宜因子进行综合评价（敬松，1995；Mörtberg et al.，2007）。与之相比，生态适宜性评价则着眼于生态环境功能，强调生态安全、生态保护与潜力发展，因此生态适宜性评价应当包含土地的生态系统服务功能以及生态保护与涵养内容。

另有学者认为，土地适宜性评价所涉及的评价因子大多为生态因子，反映的就是土地的生态禀赋最适宜的开发方式与可承受的开发强度，因此，土地适宜性可以被称作生态适宜性。比如，在大部分针对中草药、油料作物、粮食作物以及其他农作物的农业生态适宜性评价研究（周国富 等，2016；王洪云 等，2012；蒋舜媛 等，2017；陈士林 等，2007），以及部分针对林地资源的生态适宜性评价研究中（李俊 等，2011；刘焱序 等，2015），与作物种植生长以及林地资源利用恢复相关的气候、地形、土壤与生物群落等均属于生态因子，符合McHarg对生态适宜性的概念定义。因此，尽管针对作物种植的相关适宜性评价不包含生态保护与涵养相关指标，但也可称之为"生态适宜性评价"（Peng et al.，2016）。

相较于生态敏感性，生态适宜性是内涵更丰富、评价内容更宽泛的概念。针对农林的生态适宜性评价体系一般只包含影响其生产力的因子，而部分城镇或乡村土地开发利用（朱光明 等，2011；郑仰阳 等，2011；李昂 等，2016；康薇 等，2018）、生态脆弱区（孙才志 等，2011）以及生态涵养区（王成 等，2013；宋晓龙 等，2009；丁徽 等，2020）的生态适宜性评价还包括对生态环境问题出现概率的限制性评价（生态敏感性评价）。因此，生态敏感性评价在部分研究中是生态适宜性评价的一部分，并常常作为前置性与约束性评价。

根据评价区域以及其开发类型的差异，生态适宜性评价的目标与方法较为多样。生态适宜性评价广泛地应用于农林牧业、生态涵养区、城市规划与景观规划等多个领域，例如针对农林牧业的生态适宜性评价多从土壤、气候、经济效益等方面进行，目的是最大程度地发挥土地的生产力并防止出现土壤退化等生态问题；城市土地生态适宜性评价则以社会、经济、生态等角度进行，目标是协调城市建设与生态保护的关系；而自然保护区、农牧交错带、河湖水系、海洋等的生态适宜性评价则注重对物种保育与生态涵养的程度（DeVantier et al.，1998）。由于不同研究区在开发目标、土地利用方式、研究区面积、生态问题风险等的类型与大小上均有差异，因此不同研究区在评价指标与评价方法的选择上存在差异。

尽管生态适宜性的明确概念在科学研究中尚有争议，但生态适宜性概念与内涵作为政策概念与应用概念，在标准制定与规划应用中已得到广泛使用。本书中所界定的生态适宜性是指在平衡生态影响、生产效益与生活质量的前提下，从生态底线思维出发，评价区内各种生产活动经济最优与居民生活便捷舒适的情况。

第2节　村镇社区生态适宜性评价研究进展

生态适宜性在科学研究与规划应用中的评价指标和体系构建有明显差异。科学研究中的生态适宜性评价指标体系构建以生态敏感性评价为前提，指标选择更为复杂精细。具体地，科学研究中的生态适宜性评价以评价区域生态灾害风险与生态系统服务功能重要性的生态敏感性评价为前置过程，同时，以气候、生物、水体、地形等自然因子与道路交通、区域经济、人口情况等社会因子构建生态适宜性评价指标体系（表6-1）。但因科学研究中所用指标体系复杂以及数据限制，不论是在城市地区还是村镇地区开展的生态适宜性评价研究都在较小区域开展，且不同研究中使用的自然因子与社会因子的指标选择差异明显，导致评价结果难以进行研究间比较。

表 6-1　科学研究中生态适宜性评价常用指标

类　型	因　子	指　标
自然因子	气候因子	气温、湿度、降水、无霜期、日照时数
	生物因子	香农多样性指数、植被覆盖率、植被稳定性
	水体因子	水体面积、距水体距离、水体密度
	土壤因子	土壤类型、土壤质地、土壤结构、土壤有机质含量、土壤pH、土层厚度、岩石类型
	地形因子	高程、地形、坡度、地貌、坡向
	其他自然因子	自然灾害频率及强度
社会因子	道路交通因子	道路等级、距道路距离、道路密度
	区域经济因子	国内生产总值（GDP）、人均GDP、工业总产值、人均可支配收入
	人口情况因子	人口规模、人口密度、迁移人口数量
	其他社会因子	居民点类型、居民点密度、城镇村影响度

面向规划实施的生态适宜性评价指标体系则以简明性与普适性为主要特征。《指南》中的生态适宜性评价是应用最为广泛的指标体系参考之一。与科学研究中的生态适宜性评价指标体系类似，《指南》同样以生态系统服务功能重要性评价与生态脆弱性评价共同构成生态保护重要性评价，并以之为前置与约束评价，在生态保护极重要地区以外，进行农业生产适宜性评价与城镇建设适宜性评价（表6-2）。其中，农业生产适宜性评价涉及种植业、畜牧业、渔业生产适宜性。依据水、土、光、热组合条件以及地块规模和连片程度评价种植业生产适宜性程度；依据降水量、积温以及二者所决定的饲草质量与生产能力等评价畜牧业类型与生产适宜性程度；依据可捕获渔业资源、鱼卵和幼稚鱼数量、天然饵料供给能力等评价渔业生产适宜性程度。城镇建设适宜性评价则以水资源为约束指标，结合坡度、海拔、地质灾害风险、海洋灾害风险划定城镇建设适宜性程度。

表6-2 《指南》中的生态适宜性评价指标选择

维度	分维度	指标
农业生产适宜性	种植业生产适宜性	水资源、坡度、土壤肥力、土壤污染物含量、积温、气象灾害风险、盐渍化水平、地块规模、连片程度
	畜牧业生产适宜性	坡度、草地集中连片度、降水量、积温、气象灾害风险、饲草产量
	渔业生产适宜性	可捕获渔业资源、鱼卵和幼稚鱼数量、天然饵料供给能力、水质、自然灾害风险
城镇建设适宜性	建设适宜性	水资源、坡度、海拔、地质灾害风险、海洋灾害风险
	海洋开发适宜性	港口情况、矿产能源情况、生态风险

从村镇社区生态适宜性评价的内容看，农业生产适宜性评价在科学研究与规划应用中均有大量成果并形成了相对完善的评价指标体系，而工业生产与服务业发展则相对缺乏研究成果与成熟的适宜性评价体系，主要停留在对其生产适宜性的影响因素研究。此外，基于农村居民点分布的生产与生活适宜性评价也构成了村镇社区生态适宜性评价的重要组成部分。

村镇社区的工业生产适宜性研究主要关注地理区位、宏观经济政策或体制、市场、文化背景等环境因素，产业结构、工业布局结构以及工业组织结构等结构因素，资金投入、经济能人、技术投入等要素，以及农民的行动参与或支持度等参与因素对工业生产适宜性的影响分析。与村镇社区工业生产适宜性相关的空间类因素包括村镇社区的地理区位以及村镇社区工业用地的空间布局。其中，距离城市较近并且与城市联系机会较多的村镇社区对工业的创建与发展有显著的促进作用，具有更高的工业生产适宜性；相对分散的工业布局有利于更多的农民享受到工业化利益，有助于减轻劳动力向城市转移的"空心"风险，更高的农民参与度还有利于提升农民的整体素质（苗长虹，1994）。

但分散的工业布局同时会带来耕地浪费、污染面广以及集聚效应缺乏和社区性突出等负面问题。因此，合理的集聚与分散是村镇社区内工业发展的重要考虑。"苏南模式"乡村工业布局呈现的"大分散，小集聚"整体格局则是我国农村经济发展的典型模式。对常熟市镇域尺度的乡村工业用地分布研究显示，水陆交通对乡村工业的集聚效应明显，且不同类型与等级的交通影响不同；农村居住用地与乡村工业用地的时空距离集中在 5～15 min，即表现出高度的生产可达性与生活的便捷性（李红波 等，2018）。

村镇社区服务业生产适宜性研究相对工业生产适宜性研究更少，其中主体是乡村旅游业发展适宜性，相关研究主要集中在对乡村旅游分类及其影响因素的分析。最初的乡村旅游被认为是现代旅游业向传统农业的一种延伸，是城市化进程加快背景下人们一种全新的精神需求投射。作为重要的乡村振兴手段，政府对乡村旅游的扶持力度也逐渐增加。田园农业、民俗风情、农家乐、村落建筑、休闲度假是乡村旅游的主要模式（郭焕成 等，2010）。从内部空间组织来看，乡村旅游除田园综合体、旅游小镇、传统村落建筑等整体开发业态外，农家乐、乡村民宿等以农户家庭为单位开发的业态均为点状的分散组织（陆林 等，2022）。从外部空间影响因素来看，到城市的距离是乡村旅游发展的重要影响因素。

乡村旅游发展的主要背景为城市化压力和城市居民需求，因此，大中城市郊区的乡村旅游最为发达和典型。乡村旅游地主要分布在距离主城市中心 100 km 范围内，占总乡村旅游地的 84%。其中，距离城市 20 km 与 70 km 是两个主要的乡村旅游集中区域，通达的公路交通是重要的促进因素（吴必虎 等，2004）。

2020 年 7 月，农业农村部印发的《全国乡村产业发展规划（2020—2025 年）》提出优化乡村工业空间布局与丰富乡村服务业内涵。乡村工业应按照"粮头食尾""农头工尾"要求统筹产地、销地、园区布局。具体措施为推动劳动密集型加工业在中心镇（乡）与物流节点集聚，强化产地与二者的联系。乡村服务业则需要顺应农村生产生活方式变化，发展电子商务与乡村物流服务，缩短信息距离。

农村居民点空间优化是以村镇社区居民为主体，提升其生产与生活便利程度。农村居民点空间分布及其影响因素是乡村聚落地理研究的重要内容，对乡村规划以及空间合理利用具有很重要的意义。作为人类经济活动在乡村地域的空间组织方式和相互关系，农村居民点的布局受到自然禀赋、社会经济、生活习俗等多种因素的影响。自然因素决定了农村居民点的空间布局，而经济社会因素则决定了农村居民点的规模；随着时间的推移，经济社会因素的影响会逐渐增强而自然因素的影响会逐渐减弱（Bański et al.，2010）。自然因素包括地形、坡度与河流分布等，而经济因素则包括交通可达性、道路网密度、到城市的距离、乡村零售业的发展、基础设施的可达性等（邹利林 等，2015）。事实上，农村居民点的空间分布是对便捷生产与生活的空间表现。地势平坦、地形变化较小、土壤肥沃、水源充足易得、交通便利均有利于耕作养殖，方便生产生活的选择。从农村居民点的空间分布来看，自然条件优越、社会经济突出的地区具有更高的生产与生活适宜性。

农村居民点的布局优化则是在分布特征的基础上，以生态保育、经济发展和文化保护、吸引人口回流为目的的过程。作为面向乡村规划的重要研究内容，也是对乡村地区生产和生活适宜性进行全局优化的过程。自然本底条件、经济发展水平与农民主体意愿是优化布局的内外部因素。在乡村振兴与转型发展的背景下，对农村主体意愿的重视程度逐渐提高。相对集中的居民点布置、强化基础设施的可得性以及提升村庄绿化、提升交通设施的通达程度是以农民本身出发、吸引人口回流的重要乡村空间优化方向。

基于农村居民点分布的生产与生活适宜性评价以功能完善、交通便利、环境优美、生态安全、特色突出为考察面，同时考虑自然因素、资源因素、经济因素、社会因素、土地集约利用程度、基础设施状况、生态环境因素，构建评价指标体系。其中，耕作距离、对外交通便利度、城镇通达度、公共设施可达性、村庄绿地率、环境污染是影响生活幸福感与生产效率的重要因素（方艳丽 等，2016）。

多数乡村工业与服务业的发展尚处在初级阶段，缺乏科学完善的引导体系与评价系统。其中部分乡村地区的工业发展成功以及乡村旅游业的相对发达均有其特殊性。前者依赖资源禀赋、产业特征、管理方式、人口素质、交通条件以及开放水平，在经济发达地区的乡村成功发展的可能性较高；而乡村旅游业发展则依赖到大中城市的距离以及乡村的本底特色，包括特色民俗、自然景观、观光农业、传统建筑。但在乡村振兴与社会主义新农村建设的背景下，乡村地区完全依赖农业生产的经济发展方式需要升级改造。因地制宜地推动相应的第二、第三产业发展是提振农村经济的重要方式。在村镇社区的生产适宜性评价中，应当依据其自然与人文资源禀赋，选择性加入相应的评价指标，实现"三生"空间协调而非完全以生态为重的指标体系构建（表6-3）。

表 6-3　乡村工业与服务业生产适宜性评价指标选择

类　型	因　子	指　标
乡村工业	地理区位	到城市的距离、到物流中心的距离、到中心镇的距离、到原料产地的距离
	工业用地布局	到居民点的距离、到对外道路的距离、道路等级
	社会因素	人口密度、农民参与度
乡村服务业	产业发展因素	到城市的距离
	便捷生活因素	到小卖部的距离、到快递点的距离

基于农村居民点分布的生产与生活适宜性评价与空间优化是以村镇社区居民为核心，强调生产与生活便捷以及生态安全的过程。自然因素与经济社会因素以及农村居民的主体意愿相关指标共同构成了空间分布合理性或适宜性的评价体系（表6-4）。其中，与生产便捷相关的指标为耕种距离（与之类似的还有到工厂的距离）、交通设施的距离、城市距离；与生活便利相关指标则包括基础设施可达性、服务可达性以及居民点的集聚程度。而村庄绿化程度、环境污染以及生活垃圾处理则是与生态环境保护相关的指标。

整体来看，不论是乡村工业与服务业生产还是农村居民点分布的研究，均强调生产效率与生活便捷，主要体现为各种设施服务的可达性以及交通的可达性。此外，生态环境保护如污染物处理以及绿化程度也属于提升农村居民生活质量的重要评价指标。在村镇社区生产与生活适宜性评价指标体系的构建中，应依据村庄的自然与人文资源禀赋，加入优化利用资源、促进生产、便捷生活、提升居民幸福度的指标群。

表 6-4 农村居民点分布适宜性评价指标选择

类 型	因 子	指 标
农村居民点分布	自然	坡度、到水源的距离、土壤肥力
	经济社会	到对外道路的距离、到城市的距离、路网密度
	居民幸福度	村庄绿地率、耕作距离、到对外道路的距离、到医院的距离、到学校的距离、生活垃圾处理率

第3节 基于专家打分的生态适宜性评价

1. 村镇社区生态适宜性相关指标

基于生态适宜性的内涵与概念发展，参考国家"双评价"体系中的适宜性内容与命名方式，归纳合并科学研究中常见的生态适宜性评价指标以及规划实践中的适宜性评价相关指标，得出村镇社区生态适宜性评价的类型与因子（表6-5）。生态适宜性涉及6个类型，分别为种植业生产适宜性、畜牧业生产适宜性、渔业生产适宜性、工业生产适宜性、服务业生产适宜性与居民生活适宜性。种植业生产适宜性包含自然基础、农业设施、种质资源3个因子；畜牧业生产适宜性包括自然资源、气象风险、种质资源3个因子；渔业生产适宜性包括渔获能力与种群资源2个因子；工业生产适宜性包含地理区位、生产要素2个因子；服务业生产适宜性包含地理区位和文教美学资源禀赋2个因子；居民生活适宜性包含自然适宜度、生活便捷度与环境优美度3个因子。

村镇社区生态适宜性评价指标体系所包括的15个因子涉及自然因素、经济社会因素与居民心理感知因素多项评价指标。对于同一因子而言，各个指标的代表性与数据可得性不同，而指标代表性影响着生态适宜性评价的准确性，数据可得性则决定了生态适宜性评价的普适性与实用性。生态适宜性评价所需的各项自然数据与生态敏感性评价数据来源相同，主要来自中国气象科学数据集、全国生态状况遥感调查与评估和国家生态系统观测研究网络数据集。同时，生态适宜性评价的空间距离数据来源为高精度遥感数据或无人机数据解译结果。当不包含于以上数据集、难以通过无人机或遥感数据测算时，则认为不具备数据可得性。以指标代表性与数据可得性为基础，对村镇社区生态适宜性评价指标层进行选择（表6-6）。

表6-5 村镇社区生态适宜性评价因子层选择

维 度	类 型	因 子
生态适宜性	种植业生产适宜性	自然基础
		农业设施
		种质资源
	畜牧业生产适宜性	自然资源
		气象风险
		种质资源
	渔业生产适宜性	渔获能力
		种群资源
	工业生产适宜性	地理区位
		生产要素
	服务业生产适宜性	地理区位
		文教美学资源禀赋
	居民生活适宜性	自然适宜度
		生活便捷度
		环境优美度

表6-6 村镇社区生态适宜性指标层选择过程

因子	指标	指标代表性	村镇尺度数据可得性
B1 种植业生产适宜性			
自然基础	降水量	○	○
	坡度	○	○
	土壤肥力	×	×
	土壤污染物含量	×	×
	积温	○	×
	气象灾害风险	×	×
	盐渍化水平	×	×

115

续表

因　子	指　标	指标代表性	村镇尺度数据可得性
农业设施	耕地连片水平	○	○
	灌溉设施距离	○	○
种质资源	特色农产品种植	○	○
	重要经济作物分布	○	○
B2 畜牧业生产适宜性			
自然资源	坡度	×	○
	草地集中连片度	○	×
	降水量	○	○
	积温	○	×
	饲草产量	○	×
气象风险	气象灾害风险	○	○
种质资源	特种养殖	○	○
B3 渔业生产适宜性			
渔获能力	可捕获渔业资源	○	○
种群资源	鱼卵和幼稚鱼数量	○	○
	特种养殖	○	○
自然资源	天然饵料供给能力	×	×
	水质	×	×
	自然灾害风险	×	×
B4 工业生产适宜性			
地理区位	到高速公路出入口的距离	○	○
	到物流中心的距离	○	○
	到中心镇的距离	○	○
生产要素	到居民点的距离	○	○
	到原料产地的距离	○	○
	重要矿产资源分布	○	○
	农民参与度	×	×
B5 服务业生产适宜性			
地理区位	到城市的距离	○	○
	到物流中心的距离	○	○

续表

因　子	指　标	指标代表性	村镇尺度数据可得性
文教美学资源禀赋	自然/历史文化遗产数量	○	○
	非物质文化遗产数量	○	○
B6 居民生活适宜性			
自然适宜度	坡度	○	○
	到水源的距离	○	○
生活便捷度	到快递点的距离	○	○
	到小卖部的距离	○	○
	耕作距离	○	○
	到高速公路出入口的距离	○	○
	到医院的距离	○	○
	到学校的距离	○	○
环境优美度	到森林的距离	○	○
	到草地的距离	○	○

保留兼具指标代表性与数据可得性的指标，形成村镇社区生态适宜性评价的指标层（表6-7）。

表6-7　村镇社区生态适宜性评价指标层选择结果

类　型	因　子	指　标
B1 种植业生产适宜性	自然基础	降水量
		坡度
	农业设施	耕地连片水平
		灌溉设施距离
	种质资源	特色农产品种植
		重要经济作物分布
B2 畜牧业生产适宜性	自然资源	降水量
	气象风险	气象灾害风险
	种质资源	特种养殖
B3 渔业生产适宜性	渔获能力	可捕获渔业资源
	种群资源	鱼卵和幼稚鱼数量
		特种养殖

续表

类 型	因 子	指 标
B4 工业生产适宜性	地理区位	到高速公路出入口的距离
		到物流中心的距离
		到中心镇的距离
	生产要素	到居民点的距离
		到原料产地的距离
		重要矿产资源分布
B5 服务业生产适宜性	地理区位	到城市的距离
		到物流中心的距离
	文教美学资源禀赋	自然/历史文化遗产数量
		非物质文化遗产数量
B6 居民生活适宜性	自然适宜度	坡度
		到水源的距离
	生活便捷度	到快递点的距离
		到小卖部的距离
		耕作距离
		到高速公路出入口的距离
		到医院的距离
		到学校的距离
	环境优美度	到森林的距离
		到草地的距离

　　国家《指南》要求，针对县级及以下尺度需要具有重要经济作物、特色农产品种植、矿产资源、历史文化资源与自然景观资源的地区，开展必要的补充评价。其中，特色农产品种植、特种养殖以及重要经济作物分布属于农业生产适宜性评价指标与工业生产适宜性评价指标；重要矿产资源分布属于工业生产适宜性评价指标；自然/历史文化遗产数量和非物质文化遗产数量属于服务业生产适宜性评价指标（表6-8）。如需要针对地区的特殊资源展开针对性评价，可适用补充评价的特色指标体系。

表 6-8　村镇社区"双评价"特色指标体系（补充评价）

	因　子	指　标
C 特殊资源评价	种质资源	特色农产品种植
		特种养殖
	文教美学资源禀赋	自然/历史文化遗产数量
		非物质文化遗产数量
	自然与农业资源	重要经济作物分布
		重要矿产资源分布

2. 基于专家打分的村镇社区生态适宜性评价计算

生态敏感性评价是生态适宜性评价的前置性与约束性评价，因此，生态适宜性评价需要避开生态极敏感地区，在生态脆弱性与生态系统服务功能一般区域开展。本节中所提供的村镇社区生态适宜性评价计算方法是基于 ArcGIS 栅格计算的空间评价方法。村镇社区生态适宜性评价主要包括农业生产适宜性评价、工业生产适宜性评价、服务业生产适宜性评价、居民生活适宜性评价 4 个部分。其中，农业生产适宜性包括种植业生产适宜性、畜牧业生产适宜性与渔业生产适宜性；工业生产适宜性因子包括地理区位以及生产要素；服务业生产适宜性主要因子为地理区位；居民生活适宜性因子包括自然适宜度、生活便捷度与环境优美度。各项适宜性分项评价完成后，栅格值均为 1～5 标准化得分，取得分最高的适宜性因子确定为该栅格的适宜功能。

（1）农业生产适宜性评价

基于水、土、光、热等自然条件，结合基础设施可达性，评价种植业、畜牧业与渔业生产适宜性。农业生产根据当地生产方式、作物类型、耕地类型以及畜牧种类、散养/舍养、渔获种类等具有较大差异。因地施策，根据评价地点，以专家打分法进行断点赋值（表6-9）。

针对各类农业生产类型，若有一项指标落入"不适宜"区间，则划定该项农业生产属于"不适宜"，整体赋值为 1；若落入"适宜"与"非常适宜"区间，则将得分进行相乘后进行开根号运算，得到其几何平均数，作为该项农业生产适宜性评价得分。栅格精度为 5 m。

表 6-9　农业生产适宜性专家打分标准表

农业类型	指标	不适宜 1	适 宜 3	非常适宜 5
种植业	灌溉设施距离 /km			
	坡度 /°			
	耕地连片水平			
	年降水量 /mm			
畜牧业	年降水量 /mm			
	气象灾害风险（雪灾、风灾频率）			
渔业	可捕获渔业资源数量 /t			
	鱼卵和幼稚鱼数量 /t			

例如，某地种植业生产适宜评价中，坡度评价属于不适宜，则栅格值为"1"；灌溉设施距离、坡度、耕地连片水平、年降水量分别为"适宜，适宜，非常适宜，非常适宜"，则赋值为"3，3，5，5"，计算得到栅格值为 $\sqrt[4]{3\times3\times5\times5}\approx3.873$。

针对具有重要经济作物、特色农产品种植、特种养殖或特殊海产品的栅格，赋值为 5，参与评价。

（2）工业生产适宜性评价

基于与乡村工业发展密切相关的地理区位因子与生产要素因子，通过专家打分法进行权重确认与断点赋值（表 6-10）。

表 6-10　工业生产适宜性专家打分标准表

因 子	指 标	不适宜 1	适 宜 3	非常适宜 5
地理区位	到高速公路出入口的距离 /km			
	到物流中心的距离 /km			
	到中心镇的距离 /km			
生产要素	到居民点的距离 /km			
	到原料产地的距离 /km			

以几何平均值为该栅格的工业生产适宜性评价得分，计算方式同农业生产适宜性评价（工业生产适宜性评价指标为"不适宜"区间的赋值为 1，参与评价）。针对具备重要矿产资源的栅格，赋值为 5，参与评价。

（3）服务业生产适宜性评价

基于与乡村旅游业和物流行业发展密切相关的地理区位因子，通过专家打分法进行权重确认与断点赋值（表6-11）。

表6-11　服务业生产适宜性专家打分标准表

因子	指标	不适宜 1	适宜 3	非常适宜 5
地理区位	到城市的距离/km			
	到物流中心的距离/km			

以几何平均值为该栅格的服务业生产适宜性评价得分，计算方式同工业生产适宜性评价。针对具备自然／历史文化遗产、非物质文化遗产等重要旅游资源的栅格，赋值为5，参与评价。

（4）居民生活适宜性评价

基于村镇社区居民生活的自然适宜度、生活便捷度与环境优美度指标，通过专家打分法进行权重确认与断点赋值（表6-12）。

表6-12　居民生活适宜性专家打分标准表

因子	指标	不适宜 1	适宜 3	非常适宜 5
自然适宜度	坡度/°			
	到水源的距离/km			
生活便捷度	到快递点的距离/km			
	到小卖部的距离/km			
	耕作距离/km			
	到高速公路出入口的距离/km			
	到医院的距离/km			
	到学校的距离/km			
环境优美度	到森林的距离/km			
	到草地的距离/km			

以几何平均值为该栅格的居民生活适宜性评价得分，计算方式同工业生产适宜性评价。

第4节　基于两步法的村镇社区生态适宜性评价

上一节中给出了基于专家打分法的村镇社区生态适宜性评价的一般步骤和方法，相关指标选取较为全面，能够因地制宜地对不同地理位置、自然环境、文化习俗的地区进行生态适宜性评价。但由于各项指标体系均需要邀请多名熟悉生态适宜性评价及当地情况的专家进行打分，在村镇社区实际进行生态适宜性评价时成本较高，对大多数村镇规划而言较难施行。因此，参考自然资源部《指南》，本节提供一种较为简便的基于两步法的村镇社区生态适宜性评价方法。所谓两步法，是指首先根据生态敏感性评价结果和特定空间利用功能的关键指标进行生态适宜性初判，其次根据次要指标对生态适宜性初判结果进行调整和修正，最后得到最终的生态适宜性评价结果。这一方法尽管在评价精度上可能稍逊于基于完整指标体系的专家打分法评价，但其优势在于所需数据相对较少且计算更为简便易行[①]，有利于在村镇社区进行技术推广和应用。

1. 种植业生产适宜性评价

种植业生产适宜性评价的数据基础是生态敏感性评价结果图层、DEM 高程图层和城镇村住宅用地图层。其中，DEM 高程图层用来计算各栅格的坡度，首先将 DEM 图层重采样至 5 m×5 m 分辨率图层，之后在 ArcGIS 中基于该图层计算各栅格的坡度。如果坡度 $\leq 2°$，重新赋值为 5；如果 $2° <$ 坡度 $\leq 6°$，重新赋值为 4；如果 $6° <$ 坡度 $\leq 15°$，重新赋值为 3；如果 $15° <$ 坡度 $\leq 25°$，重新赋值为 2；如果坡度 $> 25°$，重新赋值为 1。

具体而言，首先根据生态敏感性评价结果和各栅格的坡度，进行种植业生产适宜性等级的初判，按照如表 6-13 所示的规则进行。其主要考量是生产遵循生态底线思维，生态极敏感地区不宜进行任何空间开发活动；针对种植业活动，坡度越大的地方越不适宜进行该活动。

---

① 与专家打分法相比，农业生产中的畜牧业和渔业、居民生活中的生活便捷度和环境优美度等指标都不易获取，因此将二者分别简化为种植业生产适宜性和居住适宜性。

表 6-13　种植业生产适宜性等级初判规则

生态敏感性	坡度				
	≤2°	>2°且≤6°	>6°且≤15°	>15°且≤25°	>25°
极敏感	不适宜	不适宜	不适宜	不适宜	不适宜
敏感	适宜	较适宜	一般适宜	较不适宜	不适宜
不敏感	适宜	适宜	较适宜	一般适宜	不适宜

在完成种植业生产适宜性等级初判后，考虑村镇社区中农村居民耕作半径，根据各栅格到最近居民点（城镇村住宅用地）的距离，对初判等级进行调整和修正。需要注意的是，初判等级为"不适宜"和"较不适宜"的区域不进行进一步修正。调整修正规则如表 6-14 所示。

表 6-14　种植业生产适宜性等级调整修正规则

种植业适宜性初判等级	到最近居民点距离			
	≤500 m	>500 m且≤750 m	>750 m且≤1000 m	>1000 m
适宜	适宜区	适宜区	适宜区	较适宜区
较适宜	较适宜区	较适宜区	一般适宜区	一般适宜区
一般适宜	一般适宜区	较不适宜区	较不适宜区	不适宜区

根据上述评价结果，将待评区域划分为不适宜区、较不适宜区、一般适宜区、较适宜区、适宜区 5 类种植业适宜性区域，分别赋值为 1、2、3、4、5，得到种植业生产适宜性评价结果图层。

2. 工业生产适宜性评价

工业生产适宜性评价的数据基础是生态敏感性评价结果图层、DEM 高程图层和城镇村住宅用地图层。其中，DEM 高程图层用来计算各栅格的坡度，计算方法和赋值规则与种植业适宜性评价中的坡度计算方法相同。

具体而言，首先根据生态敏感性评价结果和各栅格的坡度，进行工业生产适宜性等级的初判，按照如表 6-15 所示的规则进行。其主要考量是遵循生态底线思维，生态极敏感地区不宜进行任何空间开发活动；针对工业生产活动，坡度越大的地方越不适宜进行该活动。

表 6-15 工业生产适宜性等级初判规则

生态敏感性	坡 度				
	≤2°	>2°且≤6°	>6°且≤15°	>15°且≤25°	>25°
极敏感	不适宜	不适宜	不适宜	不适宜	不适宜
敏感	适宜	较适宜	一般适宜	不适宜	不适宜
不敏感	适宜	适宜	较适宜	较不适宜	不适宜

在完成适宜性等级初判后，考虑村镇社区中工业生产活动对居民点产生的污染，距离居民点越近，越不适合进行工业生产活动，根据各栅格到最近居民点（城镇村住宅用地）的距离，对初判等级进行调整和修正。需要注意的是，初判等级为"不适宜"和"较不适宜"的区域不进行进一步修正。调整修正规则如表 6-16 所示。

表 6-16 工业生产适宜性等级调整修正规则

工业生产适宜性初判等级	到最近居民点距离			
	≤200 m	>200 m 且 ≤500 m	>500 m 且 ≤1000 m	>1000 m
适宜	一般适宜区	较适宜区	适宜区	较适宜区
较适宜	较不适宜区	一般适宜区	较适宜区	一般适宜区
一般适宜	不适宜区	较不适宜区	一般适宜区	一般适宜区

根据上述评价结果，将待评区域划分为不适宜区、较不适宜区、一般适宜区、较适宜区、适宜区 5 类工业生产适宜性区域，分别赋值为 1、2、3、4、5，得到工业生产适宜性评价结果图层。

3. *服务业生产适宜性评价*

服务业生产适宜性评价的数据基础是生态敏感性评价结果图层和城镇村住宅用地图层。具体评价步骤上，首先根据生态敏感性评价结果和到最近居民点（城镇村住宅用地）距离进行服务业生产适宜性等级的初判，按照如表 6-17 所示的规则进行。其主要考量是遵循生态底线思维，生态极敏感地区不宜进行任何空间开发活动。针对服务业生产活动，由于村镇社区中的服务业多是面向居民服务，因而距离最近居民点越近，就越适宜进行服务业生产活动。

表 6-17 服务业生产适宜性等级初判规则

生态敏感性	到最近居民点距离		
	≤ 100 m	> 100 m 且 ≤ 500 m	> 500 m
极敏感	不适宜	不适宜	不适宜
敏感	较适宜	一般适宜	较不适宜
不敏感	适宜	较适宜	一般适宜

在完成适宜性等级初判后，考虑村镇社区中服务业生产活动的服务对象主要是本地居民，因此服务业生产活动周边步行可达范围内的居民越多，该地就越适合进行服务业生产活动。因而，根据各栅格 1 km 半径范围内居住用地面积的占比，对初判等级进行调整和修正。需要注意的是，初判等级为"不适宜"和"较不适宜"的区域不进行进一步修正。调整修正规则如表 6-18 所示。

表 6-18 服务业生产适宜性等级调整修正规则

服务业生产适宜性初判等级	1 km 半径内居住用地面积占比		
	≥ 25%	≥ 10% 且 < 25%	< 10%
适宜	适宜区	较适宜区	较适宜区
较适宜	较适宜区	一般适宜区	一般适宜区
一般适宜	一般适宜区	一般适宜区	较不适宜区

根据上述评价结果，将待评区域划分为不适宜区、较不适宜区、一般适宜区、较适宜区、适宜区 5 类服务业生产适宜性区域，分别赋值为 1、2、3、4、5，得到服务业生产适宜性评价结果图层。

4. 居民生活适宜性评价

居民生活适宜性评价的数据基础是生态敏感性评价结果图层、DEM 高程图层和工业用地图层。其中，DEM 高程图层用来计算各栅格的坡度，计算方法和赋值规则与种植业适宜性评价中的坡度计算方法相同。

具体而言，首先根据生态敏感性评价结果和各栅格的坡度，进行居民生活适宜性等级的初判，按照如表 6-19 所示的规则进行。其主要考量是遵循生态底线思维，生态极敏感地区不宜进行任何空间开发活动；针对居民居住空间，坡度越大的地方越不适宜建设居民住宅。

表 6-19 居住适宜性等级初判规则

生态敏感性	坡度				
	≤2°	>2°且≤6°	>6°且≤15°	>15°且≤25°	>25°
极敏感	不适宜	不适宜	不适宜	不适宜	不适宜
敏感	适宜	较适宜	一般适宜	较不适宜	不适宜
不敏感	适宜	适宜	较适宜	一般适宜	不适宜

在完成适宜性等级初判后，考虑村镇社区中居民居住空间主要会受到工业活动污染的影响，距离工业用地越近的地方就越不适宜建设居民住宅。因此，根据各栅格到最近工业用地距离，对初判等级进行调整和修正，需要注意的是，初判等级为"不适宜"和"较不适宜"的区域不进行进一步修正。调整修正规则如表6-20所示。

表 6-20 居住适宜性等级调整修正规则

居住适宜性初判等级	到最近工业用地距离			
	≤200 m	>200 m且≤500 m	>500 m且≤1000 m	>1000 m
适宜	较不适宜	一般适宜	较适宜	适宜
较适宜	较不适宜	一般适宜	一般适宜	较适宜
一般适宜	不适宜	较不适宜	一般适宜	一般适宜

根据上述评价结果，将待评区域划分为不适宜区、较不适宜区、一般适宜区、较适宜区、适宜区 5 类居住适宜性区域，分别赋值为 1、2、3、4、5，得到居住适宜性评价结果图层。

第5节 小 结

生态适宜性的内涵与概念在科学研究与规划实践中实现了延伸与深化。生态系统受人为或自然因素影响出现生态环境问题的概率，即为生态敏感性，受到了学术界与政策制定者长久的关注，而生态适宜性受到广泛关注的时间则相对较短。随着对生态系统，尤其是城市生态系统以及农田生态系统等非自然形成的生态系统的研究深入，生态系统本身为人类生产生活提供的功能的重要性，以及如何在不破坏生态系统的情况下最大发挥生态系统功能成为学术界、政策制定者以及规划相关工作者重要的议题。因此，尽管生态适宜性的概念与内涵没有出现明显变化，但以生态敏感性评价为约束的生态适宜性评价内容已经从相对简单的生态保育、农作物种植优化等扩展至了工业发展、服务业发展以及居住满意度等较为丰富系统的内容。因此，面向村镇社区的生态适宜性评价指标体系也依旧以生态敏感性评价结果为约束性指标，在保证生态保护相关指标的同时丰富生态适宜性内涵，增添面向优化生产与生活的指标。

数据可得性与数据精度是限制村镇社区生态适宜性评价的主要因素。现有具有普适性的生态适宜性评价指标体系均面向国家、省级以及地级尺度；而具有针对性的面向村镇社区尺度的生态适宜性评价指标体系则基于实测数据且指标各异，成本高昂且缺乏普适性，不同村镇社区间的评价结果也缺乏可比性。因此，针对村镇社区的生态适宜性评价指标体系构建，数据的可得性、评估方法的简明度是面向实际应用进行改进的重要方向。

本书所提供的生态适宜性评价指标体系具有系统性与实用性的双重优势。从系统性角度看，本书中的生态适宜性评价指标体系不仅将国家"双评价"体系中农业生产适宜性评价指标分类融合，还增添了工业生产适宜性、服务业生产适宜性以及居住适宜性评价的相关指标，充分体现了"三生"协调发展的理念；从实用性角度看，本书提供的生态适宜性评价指标体系梳理了现有研究与实践中的生态适宜性评价指标，并删去了代表性较差且可得性较差的指标，使其适用于村镇社区的微观尺度，兼顾了评价的准确性与实用性。以本书提供的生态适宜性评价指标体系与生态敏感性评价体系，结合村镇社区生态要素指标体系与生态要素空间评价形成的村镇社区生态敏感性与适宜性"双评价"技术，对国土空间规划在乡村区域的实施具有重要的参考价值。

第7章 村镇社区"双评价"应用案例

为检验本书所构建的村镇社区生态敏感性与适宜性"双评价"技术在村镇社区层面的适用性和实用性,本章将以华北地区的10个村镇作为案例,在镇域和村域两个不同尺度上进行生态敏感性与适宜性评价工作,根据评价结果提出各村镇社区生态空间优化方案,并据此评估优化成效。案例村镇名单及其空间分布见图7-1。

图7-1 案例村镇名单及空间分布

第1节 黄花店镇

1. 镇情简介

黄花店镇地处天津市武清区西南部（图7-2），镇人民政府距武清城区15 km。镇域总面积53.17 km²，下辖22个行政村，户籍人口24 681人。黄花店镇交通便捷，对外交通依靠杨王公路与来鱼公路，同时，京沪高速与112国道绕镇经过。镇区距京沪高速豆张庄出口9 km，距112国道汉沽港出口11 km，距京津塘高速杨村出口15 km。

图7-2 黄花店镇遥感影像

黄花店镇水系发达、植被丰茂，自然生态环境优越。黄花店镇属温带大陆性季风气候，冷暖适中，四季分明。黄花店镇域内有永定河由罗古判村西部流入，流经甄营、杨营、包营等村，与新龙河在镇内交汇。黄花店镇水系发达，镇域60%面积位于蓄滞洪区范围内，同时在蓄滞洪区堤坝外也有零星水系围绕。因蓄滞洪区的自然特性，黄花店镇土壤肥沃且水源充足，原生性植被覆盖优良，尤其水体附近植被类型丰富，生态环境得天独厚。

黄花店镇以农业种植为主，镇域内土质肥沃，农业水利与排污设施完备，以小麦与玉米为主要粮食作物。同时，蔬菜生产与畜牧养殖也是黄花店镇农业生产的重要组成，其中芹菜与西红柿是具有地方特色的品牌农产品。黄花店镇工业发展迅速，2019年，黄花店镇有工业企业123个，规模以上企业5个，以医药化工、染料化工、纸制品、不锈钢制品4大行业为主。此外，镇内有营业面积超过50 m^2 的综合商店和超市15个。

2. 村镇社区生态敏感性与适宜性现状评价

基于黄花店镇的气温、降水、土壤质地、植被覆盖、坡度等自然生态情况，对黄花店镇进行生态脆弱性以及生态功能重要性评价，并综合得到生态敏感性评价结果。

黄花店镇无生态极脆弱区域（图7-3），生态脆弱性一般的脆弱区则在镇域内广泛分布（图7-3）。黄花店镇地处华北冲积平原下端，土壤成土母质多为永定河冲积物，土壤多为砂性土、壤质土与黏性土。虽然土壤疏松肥沃利于农业生产，但在缺乏植被覆盖的区域，尤其是人为活动频繁区域，比如在镇域内广泛分布的耕地与建设用地等，容易出现土地沙化与水土流失等生态问题。与之相反，在镇域南部及中东部等具有较多林地与草地等生态空间的区域，生态脆弱性则较低。

黄花店镇生态功能重要性评级为较高与高的区域主要集中在生态环境良好的林地、草地区域（图7-4）。黄花店镇主要用地类型为耕地，有部分林地、草地与果园，天然河流穿过且沟渠密布。天然水系与人工水渠周边有植被覆盖的湿地区域表现出重要的水源涵养功能。而在林地、草地以及果园等有人工植被覆盖的区域也表现出防风固沙与水土保持的生态功能。

结合生态脆弱性与生态功能重要性发现黄花店镇的生态敏感性整体较高，主要原因是黄花店镇具有较高的生态功能重要性（图7-5）。黄花店镇生态极敏感区广泛分布在有水系穿过且有植被覆盖的区域，无植被覆盖的其他水系分布区域生态敏感性则相对较低。

第 7 章 村镇社区"双评价"应用案例

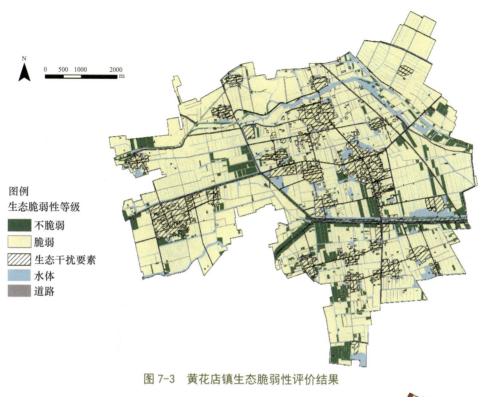

图 7-3 黄花店镇生态脆弱性评价结果

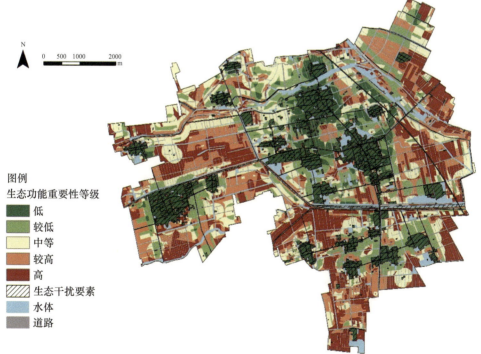

图 7-4 黄花店镇生态功能重要性评价结果

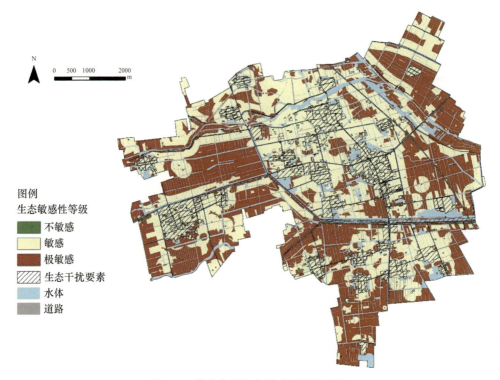

图 7-5　黄花店镇生态敏感性评价结果

黄花店镇具有面积广阔的种植业生产适宜区（图 7-6）。作为冲积平原，黄花店镇土壤肥沃，地势平坦，十分有利于种植业发展。除因水系密布与植被丰茂导致部分地区属于生态功能极重要区从而不适宜进行种植业生产以外，集中居住区周边的区域多数属于种植业生产适宜区。

黄花店镇工业生产适宜与较适宜区零星分布在中部建设用地周边（图 7-7）。这些地区是生态敏感性一般的区域，同时距离集中生活区较远，现状土地利用类型多为旱地。

黄花店镇无服务业生产适宜区（图 7-8），少量较适宜区位于中部集中建设用地周边，中部、西南部、南部 3 个集中建设片区均为一般适宜区（图 7-8）。这一区域生态敏感性相对较低，到最近居民点距离较近，1 km 半径内居住用地面积较多。

黄花店镇居住适宜区主要分布东北部的旱地，西北部、西南部的建设区外为部分较适宜区（图 7-9）。这些区域生态敏感性相对较低且远离现有的工业用地。

第7章 村镇社区"双评价"应用案例

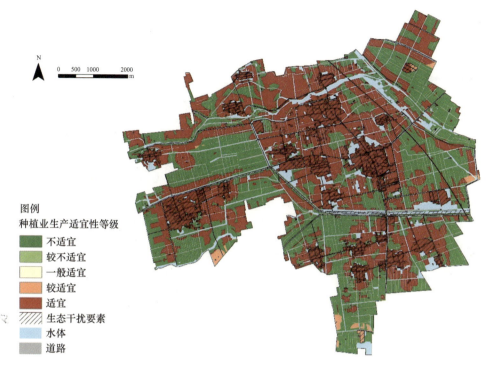

图 7-6 黄花店镇种植业生产适宜性评价结果

图 7-7 黄花店镇工业生产适宜性评价结果

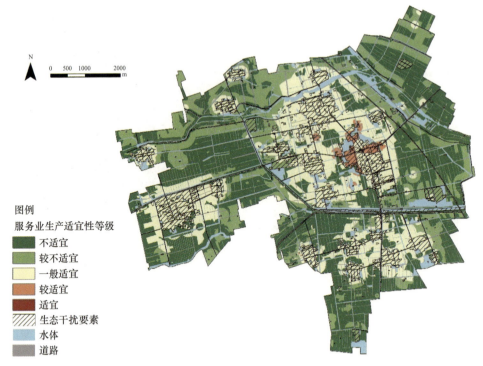

图 7-8 黄花店镇服务业生产适宜性评价结果

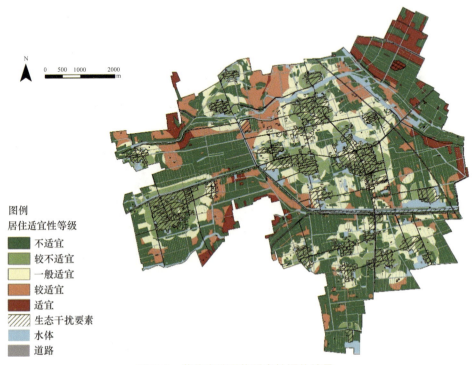

图 7-9 黄花店镇居住适宜性评价结果

3. 镇内生态空间问题识别

从生态敏感性与适宜性评价结果来看，黄花店镇生态环境优良，冲积平原土质肥沃有助于种植业发展。但在休耕或其他无植被覆盖情况下，有一定的水土流失与土地沙化风险。同时，黄花店镇水系密布且有湿地植被，具有重要的生态功能并表现为整体较高的生态敏感性。

因此，对于耕地集中的高敏感区，如北部、西部，应降低建设开发和耕作强度，适当退耕还林、还草，着力解决水土流失、土地沙化等生态问题，加强水土保持、防风固沙措施；对于几乎没有建设开发的高敏感区，如西北部、东北部，应适当减少耕读，保护现有林地、草地，并扩大林地和草地的种植范围，注重防风固沙、水土保持；对于开发程度、耕作强度、生态保持相对平均的高敏感区，如南部，应严格遵守生态红线，保护现有林地、草地，维护农田质量，适当扩种经济林；对于建设强度较大的镇区，如中敏感度的中部，应适当控制建设强度，协调开发和生态保护之间的关系，加强镇域内部绿化；对于天然河道及灌溉沟渠等水利设施，应优先保护天然水源，保证水量水质，提高人工水利设施的效率，控制坑塘养殖规模。

4. 生态空间优化指引

基于生态敏感性与适宜性评价结果，确定黄花店镇生态空间优化方向（图7-10）主要为：

（1）发展生态农业。结合现代化技术打造集生产、观光、体验为一体的生态农业观光园，既能提高农作物产量，确保可持续的农业生产活动，又能够成为体验自然、学习自然的场所。

（2）布局口袋公园。利用社区开敞空间进行口袋公园的改造，积极选用具有当地特色的花木营造社区内部景观，同时设置休闲步道和建筑小品，为村民提供休憩空间。

（3）修建滨水步道。在考虑安全的同时，修建滨水散步道，塑造健康融于自然的生活氛围、生态融于场地的生态空间、河流融于乡村的共生空间，建设乡村生态网络框架。

5. 村镇社区生态敏感性与适宜性优化效果

经过系统生态空间优化后，对黄花店镇生态敏感性与各项生活生产适宜性重

图 7-10 黄花店镇"三生"空间优化指引

注：本章规划案例提出了生态空间的优化方向和策略，但公园、步道等生态空间策略与生产、生活空间密切相关，其中充分考虑了"三生"空间协调问题，故而在图中展示了作为生态干扰要素的生产、生活空间范围，体现"三生"空间协调的规划理念。

新评价，结果如下：

在生态空间优化后，黄花店镇有一定生态风险的生态脆弱区域面积占比从90.9%下降至11.1%，下降了79.9%。除少数水系周边的集中建设用地外，均为生态不脆弱区域（图7-11）。

降低黄花店镇的土地沙化与水土流失风险后，黄花店镇生态敏感性评级为敏感的区域面积占比从60.1%下降至29.4%，生态极敏感区均为具有重要生态功能的区域（图7-12）。

改善生态环境问题后，黄花店镇服务业生产适宜性有明显提升，集中建设用地内部与周边均为服务业生产适宜区与较适宜区（图7-13）。服务业生产较适宜区占比从1.6%提升至20.3%，适宜区占比从0提升至13.7%，主要为原先的较不适宜区与一般适宜区优化而来。

第 7 章 村镇社区"双评价"应用案例

图 7-11 黄花店镇优化后生态脆弱性评价结果

图 7-12 黄花店镇优化后生态敏感性评价结果

图 7-13　黄花店镇优化后服务业生产适宜性评价结果

第 2 节　杨 屯 镇

1. 镇情简介

杨屯镇（图 7-14），隶属山东省聊城市高唐县，位于高唐县城东 10 km 处，总面积 104.57 km²，东与德州市的禹城市接壤，南邻琉璃寺镇，西靠鱼邱湖街道，北接固河镇。截至 2019 年末，杨屯镇户籍人口 49 371 人。杨屯镇农业以种植小麦、玉米、棉花、蔬菜为主，耕地 9.4 万亩（1 亩 =666.6 m²）；工业以铸造、建筑机械加工、针织、化工为主，2019 年杨屯镇有工业企业 50 个，其中规模以上 9 个。杨屯镇交通区位优势明显，308 国道、520 省道、高东高速形成 A 字形道路交通网，镇人民政府驻地距青银高速路口仅 4 km、距高东高速路口 2 km，沿 308 国道驱车 40 min 可达省会济南。

杨屯镇气候属暖温带半干旱季风区域大陆性气候。该镇地势平坦，土壤肥沃，土壤类型以潮土和褐化潮土为主，土壤状况为中壤土。杨屯镇域内沟渠纵

图 7-14　杨屯镇遥感影像

横,水浇条件优越,徒骇河自西南向东北流经全镇 14 km。该镇属于浅层淡水较丰富区,基本能满足人民生活和农业生产的需要。

根据《聊城市国土空间总体规划(2021—2035 年)》(征求意见稿),在聊城市"四区、五廊、多点"的生态格局中,杨屯镇位于东北部林地生态发展区,"五廊"之一的徒骇河生态廊道贯穿其中。《高唐县杨屯镇总体规划(2019—2035 年)》提出"以徒骇河生态景观廊道打造为契机,以现代生态农业、建筑板材加工、乡村振兴等为新的增长突破口,积极发展相关链条产业,大力推进乡村旅游业发展,将杨屯镇建设成一个环境优美、特色鲜明的高唐城郊休闲小镇"的发展目标。其镇域空间结构规划为 3 大片区,包括以徒骇河蓝色发展带为核心的观光农业发展区、西北部的城镇发展区和东南部的高效农业发展区。

2. 村镇社区生态敏感性与适宜性现状评价

基于杨屯镇的降水、土壤、植被等自然要素对杨屯镇进行生态脆弱性以及生态功能重要性评价,并综合得到生态敏感性评价结果。

从生态脆弱性评价结果来看（图7-15），杨屯镇镇域内除徒骇河沿岸及乡村居民点外围的少量林地为生态不脆弱区以外，其余大部分地区均为生态脆弱区，包括村庄建设用地和耕地，这些地区主要开展镇村建设以及耕作、养殖等农业生产活动，生态要素较少，生态脆弱性主要表现为水土流失。

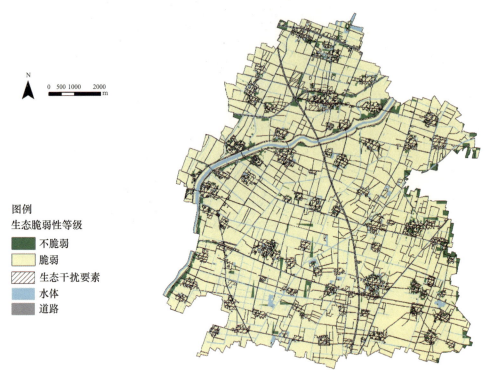

图7-15 杨屯镇生态脆弱性评价结果

从生态功能重要性评价结果来看（图7-16），杨屯镇生态功能重要性高的区域主要分布在徒骇河东南侧地区。杨屯镇坑塘沟渠密布，坑塘沟渠周边的生态功能重要性较高，表现出较高的水源涵养重要性。此外，一些距离农村居民点较远的耕地也属于生态功能重要性高的区域，林地则在水土保持方面的生态功能重要性高。而徒骇河西北侧为镇区所在地，以村镇建设为主，生态功能重要性较低。

综合来看，杨屯镇大部分地区为生态极敏感和敏感区（图7-17），其中生态极敏感区主要分布在河流和沟渠周边的林地、耕地，生态敏感区主要分布在乡村建设用地及其外围，仅少量林地为生态不敏感区。

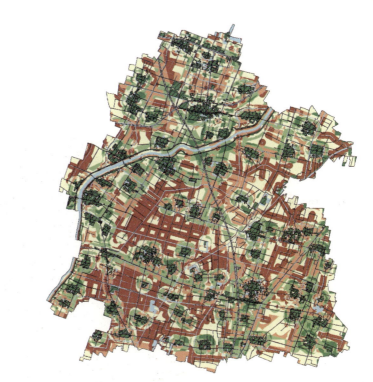

图 7-16 杨屯镇生态功能重要性评价结果

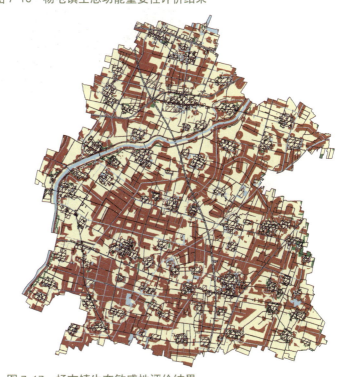

图 7-17 杨屯镇生态敏感性评价结果

在种植业生产适宜性方面（图 7-18），杨屯镇的种植业生产适宜区主要分布在农村居民点周边，这些地区地形平缓，且符合村民就近耕作的原则，而沟渠密布的地区相对不适宜耕种。

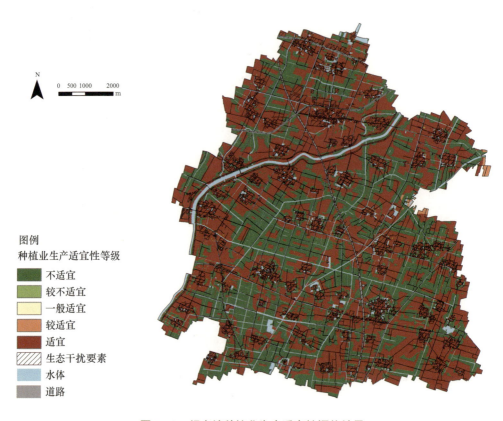

图 7-18　杨屯镇种植业生产适宜性评价结果

在工业生产适宜性方面（图 7-19），杨屯镇的工业生产适宜区主要分布在西北部的镇区外围以及镇域东部周老庄村附近，这些地区毗邻现状的工业用地，相对集聚，生态敏感性相对较低，坡度平缓。

在服务业生产适宜性方面（图 7-20），杨屯镇没有服务业生产适宜区，仅有的服务业生产较适宜区几乎全部位于农村居民点内，与农村宅基地距离较近。这主要是因为杨屯镇的生态状况敏感，容易受到人类活动的影响。

杨屯镇居住适宜性评价结果见图 7-21。

第 7 章 村镇社区"双评价"应用案例

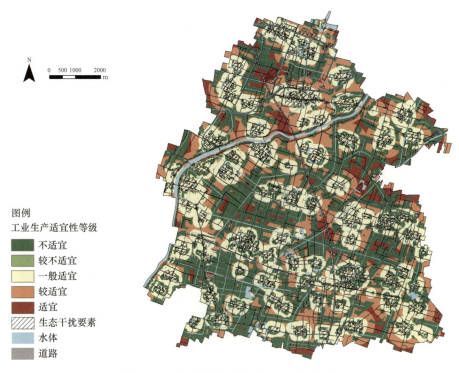

图 7-19 杨屯镇工业生产适宜性评价结果

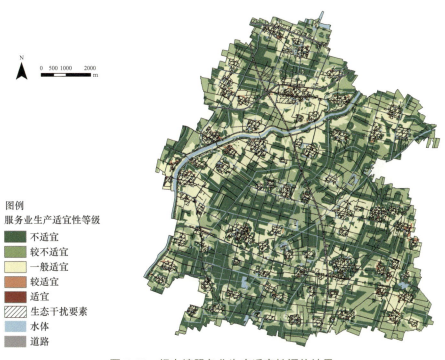

图 7-20 杨屯镇服务业生产适宜性评价结果

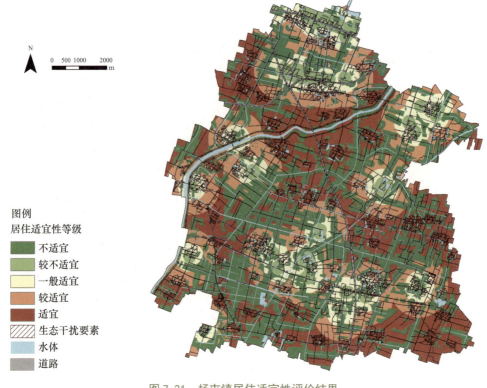

图 7-21 杨屯镇居住适宜性评价结果

3. 镇内生态空间问题识别

基于杨屯镇的自然生态环境和人工绿化情况，结合生态敏感性与适宜性评价结果，可以看出杨屯镇整体的生态基底较好，表现在以下两方面：① 镇域内水网密集，徒骇河和密布的沟渠提供了重要的生态功能；② 镇域内地形平坦，工业用地较少且分布相对集中，使得杨屯镇整体的居住适宜性和种植业生产适宜性较高。

同时，杨屯镇的生态空间布局也有一定的问题，包括：① 镇域内虽然水系丰富，但是缺少林地资源，生态不脆弱区较少；② 生态空间布局相对破碎，生态要素的廊道、斑块之间的联系有待加强；③ 农村居民点内绿化不足，只有零星的林地。

因此，杨屯镇的生态空间优化方向包括两方面：一是保护现有的河流、沟渠和少量的林地，最大程度上保持和发挥其生态功能；二是应在整个镇域适当退耕还林、还草，加强生态要素的培育。

4. 生态空间优化指引

基于杨屯镇的生态敏感性与适宜性现状评价以及镇域内生态空间布局的问题识别，提出以下 3 个生态空间优化的具体对策（图 7-22）：

图 7-22　杨屯镇"三生"空间优化指引

（1）建设生态驳岸。沿徒骇河两岸构建生态廊道，采用坡度较缓的草坪形成草坪式生态驳岸，在保护徒骇河的生态功能的基础上，设置亲水步道，打造亲水宜人的滨水空间。

（2）建设社区菜园。针对目前村内宅前的绿化不足问题，利用社区内部的小型农田以及宅前空地打造社区菜园，既是塑造社区景观、调节微气候的开敞绿地，又是促进邻里交流、实现自给自足的公共场所。

（3）增补绿地公园。目前整个镇域内的林地、草地都较少，生态要素有所欠缺。基于此，应该改造村落内原有小型林地，栽培具有当地特色的花木，并修建游憩小径，既起到防风固沙、净化空气、涵养水源的作用，又为当地居民提供生态休闲场所，提升整体生态环境质量。同时应将绿地公园与现有的河流和沟渠坑塘相结合，实现蓝绿空间的优化，通过带状公园加强各生态要素斑块的连通性。

5. 村镇社区生态敏感性与适宜性优化效果

经过系统生态空间优化后，对杨屯镇生态敏感性与各项生活生产适宜性重新评价，结果如下：

杨屯镇生态脆弱区面积占比明显下降（图7-23），由95.1%下降至18.9%，而生态不脆弱区面积占比明显上升，提升至81.1%。在进行生态空间优化后，杨屯镇全域生态问题发生风险降至最低。同时，杨屯镇的生态敏感性也相应降低（图7-24），大多数农村居民点地区由生态敏感区转为生态不敏感区，生态敏感区面积占比从57.5%下降至29.3%。优化后的生态极敏感区大多为具有重要生态功能的区域。

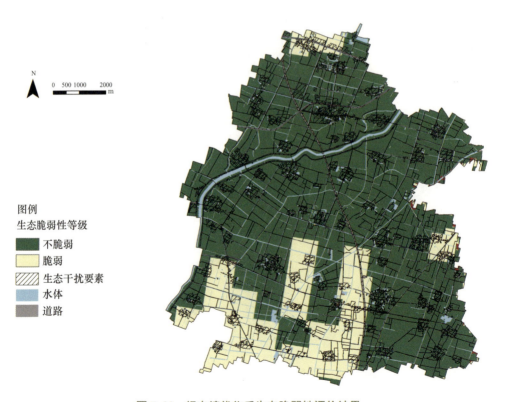

图7-23 杨屯镇优化后生态脆弱性评价结果

第7章 村镇社区"双评价"应用案例

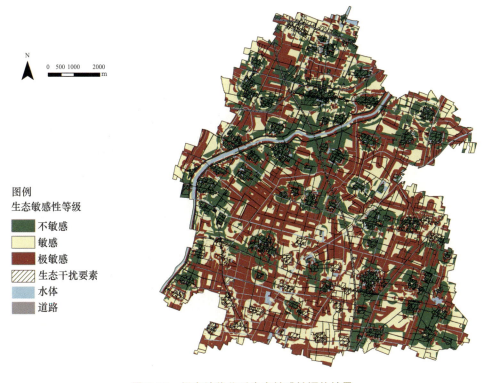

图 7-24 杨屯镇优化后生态敏感性评价结果

通过对生态脆弱性与生态敏感性的优化，杨屯镇的服务业生产适宜性也有明显提升（图 7-25）。农村居民点及其周边大部分由服务业生产一般适宜区优化为较适宜区，服务业生产较适宜区面积占比从 1.2% 提升至 13.3%，而服务业生产一般适宜区和较不适宜区的面积占比相应分别下降 4.5% 和 7.6%。

第3节　砖瓦窑村

1. 村情简介

砖瓦窑村（图 7-26）地处北京市平谷区大华山镇北部山区，距离平谷区人民政府驻地 15 km。村庄北部与西峪村交界，南部为大华山镇人民政府驻地大华山村，以平关路贯穿村域通达南北，交通方便。砖瓦窑村原名聚福庄，抗日战争后更名为北井村。后因村内土质适合烧制砖瓦，村中曾开办砖瓦窑厂，以旧工艺手工烧制灰瓦与灰砖，因此得名砖瓦窑村。

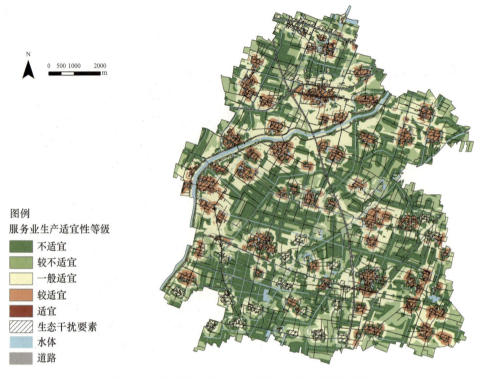

图 7-25　杨屯镇优化后服务业生产适宜性评价结果

砖瓦窑村是重要的北京市东部生态屏障构成部分与生态功能保护区。《平谷分区规划（国土空间规划）（2017年—2035年）》将平谷区定位为首都东部重要的生态屏障，是京津冀西北部生态涵养区的重要组成部分。根据平谷分区规划的两线三区规划图，砖瓦窑村全村均为"生态控制区"；根据平谷分区规划的国土空间规划分区图，砖瓦窑村全村均为"生态混合区"以及"林草保护区"；根据平谷分区规划的绿色空间结构规划图，砖瓦窑村全村均为"山区生态屏障"的组成部分。因此，砖瓦窑村的建设要求严控浅山区开发规模和强度，加强生态保育和修复，发挥山区生态屏障作用，强化水源涵养、水土保持等重要生态功能。

砖瓦窑村地处温带大陆性季风区，气候温和半湿润，光照充足，四季分明。虽然砖瓦窑村位处大华山镇北部深山区，但全域海拔在140～165 m，地势低平，滑坡等地质风险较低。域内土壤多为页片状、铁镁质岩类淋溶褐土，地下水资源较丰富。砖瓦窑村是典型的北方山区村庄，在浅山丘陵中呈现组团分布。砖瓦窑

图 7-26　砖瓦窑村遥感影像

村内部无自然地表水系，有泄洪河道与泄洪排水渠，仅在上游西峪水库泄洪时期可见地表水系，其余时候河床出露、水渠干涸。

砖瓦窑村外部生态环境优越，内部生态环境差异明显。从外部生态环境看，砖瓦窑村周边多山少田，果林环绕，果树多为桃、柿、核桃、樱桃等当地经济树种。从内部生态环境看，砖瓦窑村以平关路为界分为东、西两个片区，整体呈现出西片区宅旁路边绿化优于东片区的差异化特征。西片区地势平坦、民居较新，多以葡萄、核桃、柿等常见经济树种以及辣椒、茄子、南瓜等蔬菜作物作为院内宅旁绿化，也常见大丽花、紫茉莉、波斯菊等观赏性花卉绿化。东片区靠山，边缘民居随地势起伏，片区内部少见院内宅旁绿化，多为荒地与野草。主要道路平关路以槐树与木槿为主要绿化树种，呈现乔灌混杂的绿化方式；村内其他道路除宅旁绿化与果园外无绿化，有部分空地为荒地。

2. 村镇社区生态敏感性与适宜性现状评价

基于砖瓦窑村的降水、土壤、植被等自然要素对砖瓦窑村进行生态脆弱性以及生态功能重要性评价，并综合得到生态敏感性评价结果。

从生态脆弱性评价结果来看（图7-27），砖瓦窑村不存在生态极脆弱区，村庄区域多为生态脆弱区，西北部为不脆弱区。砖瓦窑村西北部为自然林地，相对于其他区域的园地和建设用地，沙化和水土流失的生态脆弱性更低，因而砖瓦窑村生态脆弱区主要集中在村域的东南部，主要原因是植被覆盖度不足。

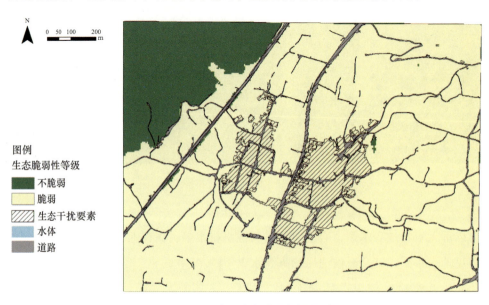

图7-27 砖瓦窑村生态脆弱性评价结果

从生态功能重要性评价结果来看（图7-28），砖瓦窑村生态功能重要性等级为高与较高的区域主要分布在西北部、东南部以及南部区域，周边果园等园地区域则生态功能重要性中等，对村庄建设区域整体呈现出包围态势。西北部的林地在防风固沙、水土保持、水源涵养等方面均具有高生态功能重要性。

因此，整体来看，砖瓦窑村的生态极敏感区域主要分布在西北部、东部以及西南部的区域（图7-29），敏感原因为区域内部的林地具有的重要生态功能。同时，村域范围无生态极脆弱区，因此少发各类生态灾害。

图 7-28 砖瓦窑村生态功能重要性评价结果

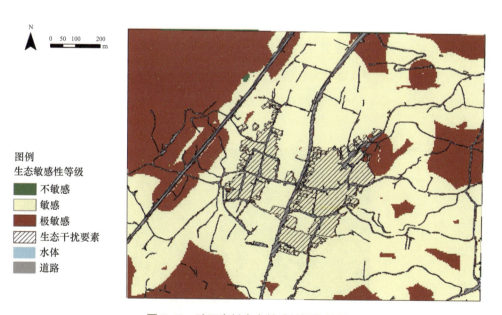

图 7-29 砖瓦窑村生态敏感性评价结果

从种植业生产适宜性评价结果来看（图 7-30），砖瓦窑村种植业生产适宜区主要分布在西南部的小范围地区，较适宜区分布在中部的集中建设区及其周边。这一区域生态敏感性相对较低，坡度平缓。同时到最近居民点距离较近，便于耕种。

图 7-30　砖瓦窑村种植业生产适宜性评价结果

从工业生产适宜性来看（图 7-31），砖瓦窑村大部分村域不适宜工业生产，仅有西南部的小部分地块等为一般适宜区。砖瓦窑村居民点较多且集中分布，避让居民生活区后少有适宜工业发展的平坦区域与交通发达区域。

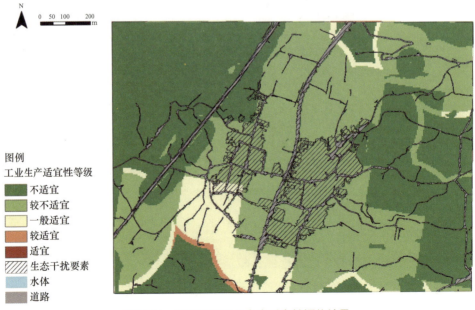

图 7-31　砖瓦窑村工业生产适宜性评价结果

从服务业生产适宜性看（图 7-32），砖瓦窑村少有适宜服务业的地块，仅在中部的集中建设用地和东北部、东南部、西南部的少部分建设用地为一般适宜区。除村庄内部的集中生活区外，东北部、东南部、西南部区域到最近居民点距离较远，因此仅能支持在村庄内部发展便利居民生活的服务业。同时，砖瓦窑村缺乏特色的文化旅游资源，特色文化与休闲旅游业等服务业生产适宜性也较低。

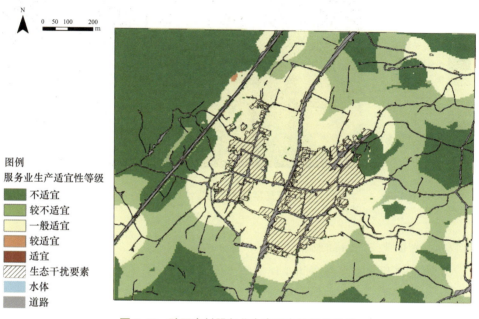

图 7-32　砖瓦窑村服务业生产适宜性评价结果

从居住适宜性评价结果来看（图 7-33），砖瓦窑村整体适宜居住，其中居住适宜区主要分布在西南部的小范围地区，较适宜区分布在中部的集中建设区及其周边。居住适宜区和较适宜区的生态敏感性相对较弱，坡度平缓，到最近工业用地距离较远。

3. 生态空间问题识别

基于砖瓦窑村内外部自然生态环境与人工绿化情况，并结合生态敏感性与适宜性评价结果，发现砖瓦窑村生态空间整体情况较好，具体表现为：① 无生态环境脆弱、易发生态灾害区域。② 村内有自然林地且能提供较高的生态功能。③ 村内少有工业企业，整体居住适宜性较高，分布于集中居住区周边的果园也

图 7-33　砖瓦窑村居住适宜性评价结果

有较高的种植业生产适宜性。

此外，砖瓦窑村生态空间布局问题具体表现为：① 村内绿化不足，导致村庄建成区与周边地区生态脆弱性相对较高。② 村内绿化以果园为主，有一定水土流失与土壤污染风险。③ 生态功能西高东低，空间不均衡明显。④ 村内缺乏地表水系，加之主要产业林果产业需水量大，有一定地下水超采隐患。

砖瓦窑村村镇社区村民的问卷调查显示，村民认为村中最主要的生态环境问题为缺乏公园广场等公共空间与村庄生态景观风貌较差。村民认为较为严重的生态环境问题中，缺乏公园广场等公共空间获选最多，与村民认为最需要增加的生态基础设施相一致，另外，超过 1/2 村民认为村庄生态景观风貌较差（图7-34），以及 1/3 村民认为村庄建设区内绿化较少，说明村庄的生态景观和绿化需要一定的提升。村内现有绿化景观由宅边果蔬构成，部分废弃土地或房屋周边无绿化管理，较为杂乱。村内绿化整体缺乏协调性和美感，需要统一整理优化。此外，近 1/2 村民认为村庄水域面积较少，村内仅有抽取地下水的水闸和干涸的路旁沟渠，无开放水域景观。还有少数村民认为村庄还存在垃圾无人或不及时清扫、空气污染和噪声污染的问题。

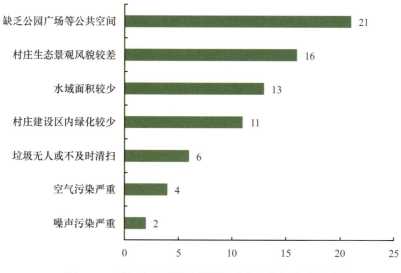

图 7-34　砖瓦窑村村镇社区村民生态环境问题感知结果

生态环境改善需求调查问卷结果显示，村内最需要增加的生态基础设施为绿地广场，其次为口袋公园，二者的选择人数均超过 1/2（图 7-35）。由此可见，村民对于广场、公园等可供游憩、休闲的公共空间需求较大。选择生态环保知识宣传栏的村民也达 1/3，说明村民存在获知生态环保信息的需求，应加强相关知识的普及传播。村内已有垃圾分类收集站和垃圾分类说明指示，所以

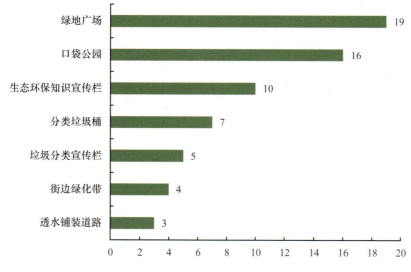

图 7-35　砖瓦窑村村镇社区村民生态环境改善需求调查结果

村民对相关设施需求并不明显，但也存在个别不知情的村民，也有人认为应增设分类垃圾桶，加强垃圾分类教育宣传。街边绿化和透水铺装道路对于村民的影响较小，相关需求不明显。

因此，根据生态敏感性与适宜性评价以及实地调研结果，对砖瓦窑村生态空间的优化策略为：优先保护西南部和东北部的天然林地，适当控制建设范围和强度；对于种植果园的大范围区域，应当注重土壤的肥力保持和防止污染；适当增加如生态景观池塘等地上水域。同时，从村民需求角度出发，应增设公园绿地等兼具生态与休闲功能的公园广场与口袋公园，增设生态环保知识宣传栏，强化村内绿化景观设计。

4. 生态空间优化指引

基于生态敏感性与适宜性评价，结合村镇社区村民调查问卷结果，砖瓦窑村生态空间优化方向（图 7-36）主要为：

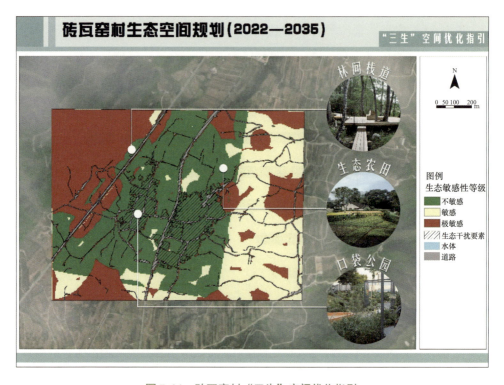

图 7-36　砖瓦窑村"三生"空间优化指引

（1）修建林间栈道。依托村落东北部自然林地，设置散步道、休憩设施、导览标识等便民设施，让人们在不破坏生态环境的同时享受森林风光，为村庄营造一系列舒适自然的公共活动空间。

（2）建设生态农田。通过在农田与道路的交界处沿线种植植物或景观作物，营造连续的村镇社区田园景观。同时，开展农事体验活动，让人们体验农园、学习农业知识，推进各种农业体验场所的发展。

（3）配置口袋公园。将村落中的小型闲置空间改造成能为周边居民服务的口袋公园，适度的地形变化与丰富的景观配植形成多角度的景观视野，能够最大限度发挥场地功能，为村民提供多元化的休憩娱乐场所，从而实现绿地的有机微更新。

5. 村镇社区生态敏感性与适宜性优化效果

经过系统生态空间优化后，对砖瓦窑村生态敏感性与各项生活生产适宜性重新评价，结果如下：

砖瓦窑村生态敏感区占比明显下降（图7-38），不敏感区域明显上升。在进行生态空间优化后，砖瓦窑村生态脆弱区均变为不脆弱区（图7-37），全域生态问题发生风险降至最低。由生态脆弱导致的生态敏感区面积减少，生态敏感区面积占比从68.8%下降至25.0%。优化后的生态敏感区与极敏感区均为具有相对重要的生态功能的区域。

通过对生态脆弱性与生态敏感性的优化，砖瓦窑村的生活与生产适宜性也有明显提升。

砖瓦窑村种植业生产适宜性明显提升（图7-39），种植业生产最适宜的适宜区面积占比从6.9%提升至42.2%，主要为原先的一般适宜区和较适宜区优化而来。

砖瓦窑村工业生产适宜性有一定提升（图7-40）。工业生产较适宜区与适宜区面积占比无明显增加，不适宜区面积占比也无明显减少。工业生产适宜性提升主要来自部分较不适宜区转换为一般适宜区。

砖瓦窑村的服务业生产适宜性有明显提升（图7-41），主要表现为较不适宜区与一般适宜区有明显减少，转变为较适宜区。其中，较不适宜区与一般适宜区面积占比分别下降13.7%与16.5%，较适宜区面积占比提升30.4%。

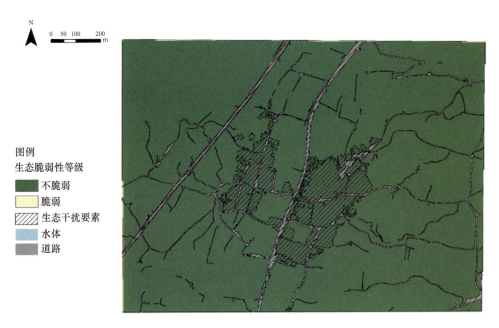

图 7-37　砖瓦窑村优化后生态脆弱性评价结果

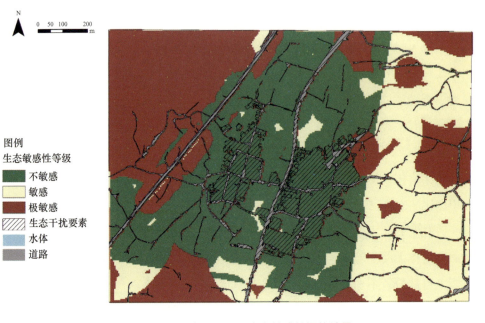

图 7-38　砖瓦窑村优化后生态敏感性评价结果

第 7 章 村镇社区"双评价"应用案例

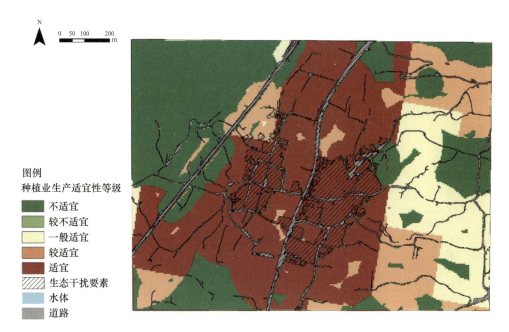

图 7-39 砖瓦窑村优化后种植业生产适宜性评价结果

图 7-40 砖瓦窑村优化后工业生产适宜性评价结果

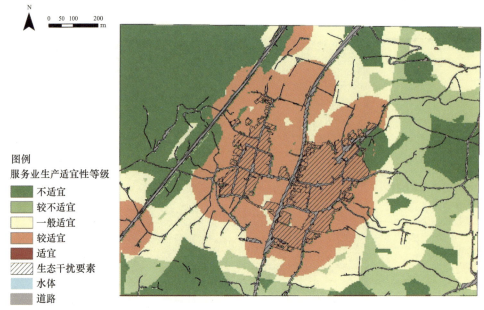

图 7-41 砖瓦窑村优化后服务业生产适宜性评价结果

砖瓦窑村居住适宜性有显著提升（图 7-42），主要表现为较适宜区提升为适宜区，适宜区面积占比提升了 35.4%。同时，不适宜区、较不适宜区、一般适宜区和较适宜区的面积占比均有下降，分别下降 0.2%、0.4%、2.9% 和 31.9%。

图 7-42 砖瓦窑村优化后居住适宜性评价结果

第4节 麻子峪村

1. 村情简介

麻子峪村地处北京市平谷区大华山镇东南部（图 7-43），西北距离平谷区人民政府驻地 3.8 km。村庄西北部为大华山镇人民政府驻地所在村大华山村，东部与挂甲峪村相接，东南方向为挂甲峪村长寿山景区。麻子峪村地处山前台地，三面环山，面对沟谷。村域面积仅 0.79 km²，全村共 43 户。村庄聚落依山势沟谷走向成型，呈南北向矩形，地势东南高、西北低，平均海拔 180 m。

麻子峪村属温带半湿润大陆性季候，四季分明。年平均气温约 11.3℃，最冷月 1 月平均气温为 −5.5℃，最热月 7 月平均气温为 21.6℃。平均无霜期 191 天，年降水量 644 mm。村西北部有季节河——熊儿寨石河，枯水期河床出露，丰水期有明显地表水系。村中自然植被覆盖良好，低山岗台植被以果树、油松、刺槐以及荆条灌丛、黄白草为主，山间平原以及村庄内部以柿、梨、桃、枣等果树和杨树、柳树为主。

图 7-43 麻子峪村遥感影像

麻子峪村是重要的北京市东部生态屏障构成部分，三面环山导致其生态灾害风险明显。根据《平谷分区规划（国土空间规划）(2017年—2035年)》的两线三区规划图、国土空间规划分区图以及绿色空间结构规划图，麻子峪村全村均为"生态控制区""生态混合区""林草保护区"以及"山区生态屏障"的组成部分。同时，麻子峪村三面环山，以果树种植为主要经济来源。村内果园多数分布在半山腰，为典型坡耕地。村内有超过500亩坡耕地在雨季时水土流失严重。

2. 村镇社区生态敏感性与适宜性现状评价

基于麻子峪村的气温、降水、土壤质地、植被覆盖、坡度等自然生态情况，对麻子峪村进行生态脆弱性以及生态功能重要性评价，并综合得到生态敏感性评价结果。

从生态脆弱性评价结果看（图7-44），麻子峪村主要生态脆弱区分布在中部、东南部和西北部等村庄建设用地以及大部分的坡耕地分布地区。村庄西南部与东北部为自然林地，相较于村内其他区域的园地和建设用地，土地沙化与水土流失脆弱性更低。

从生态功能重要性评价结果来看（图7-45），分布于麻子峪村西南与东北区域的自然林地是村域内生态功能重要性最高的地区，表现为防风固沙、水土保持、水源涵养等多种功能。在中部集中建设区的西部、南部以及东部也有零星分布的自然林地或绿化带，也表现出高的生态功能重要性。在集中建设区的周边坡耕地则因种植果树，有相对较高的生态功能重要性。生态功能重要性较低的区域主要为集中建设区、道路以及无植被覆盖的坡耕地。

因此，整体来看，麻子峪村无生态极脆弱区域，生态极敏感区主要为西南部与东北部区域（图7-46），是村域内自然林地提供的生态系统功能极重要区。

基于麻子峪村道路交通、居民点分布、工业与服务业用地布局等情况，对麻子峪村进行各项生活与生产适宜性评价，结果如下：

从种植业生产适宜性评价结果看（图7-47），麻子峪村几乎无种植业生产适宜区，其主要原因为麻子峪村三面环山，地势起伏明显，无适宜耕种的平坦区域。较适宜区主要分布在西北部，包括园地和部分建设用地。这部分区域坡度平缓，生态敏感性相对较低，同时到最近居民点距离较近，便于耕种。

第 7 章 村镇社区"双评价"应用案例

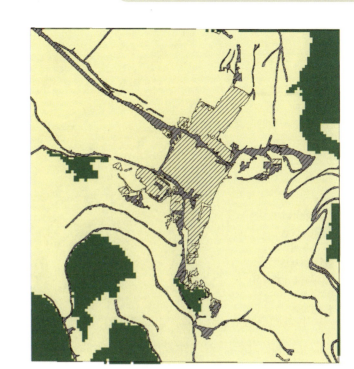

图 7-44 麻子峪村生态脆弱性评价结果

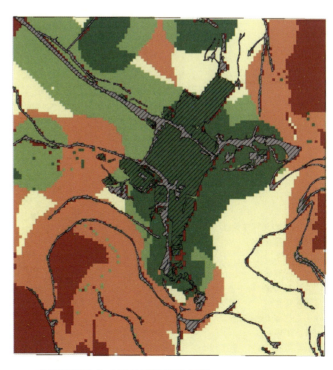

图 7-45 麻子峪村生态功能重要性评价结果

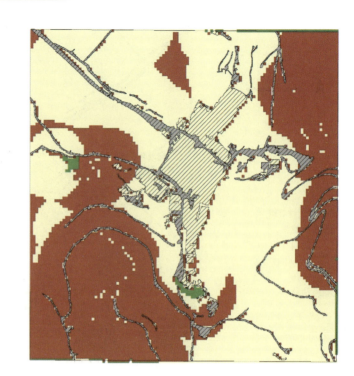

图 7-46　麻子峪村生态敏感性评价结果

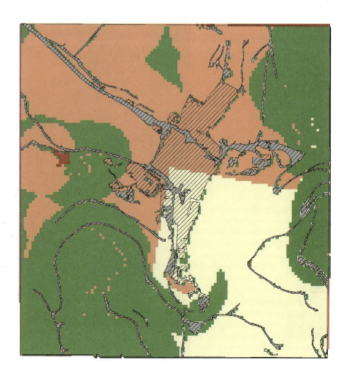

图 7-47　麻子峪村种植业生产适宜性评价结果

从工业生产适宜性评价结果来看（图7-48），麻子峪村无工业生产适宜区，主要原因为村域范围狭小，除集中建设区为主要生活区外，无平坦地区适宜工业生产布局。

图7-48 麻子峪村工业生产适宜性评价结果

从服务业生产适宜性评价结果看（图7-49），麻子峪村也几乎没有适宜服务业生产的地块，仅在中部的集中建设用地和集中建设用地的西北部、东南部一般适宜。少量的较适宜区分布在村内边缘处，但距离居民点较远。

从居住适宜性评价结果看（图7-50），麻子峪村的居住适宜区面积很小，较适宜区主要分布在西北部，主要为现有的园地与部分建设用地。这部分地区坡度平缓、交通便利，不仅生态敏感性较低，距离最近的工业用地距离也较远。

3. 村内生态空间问题识别

从生态敏感性与适宜性评价结果来看，麻子峪村整体并不适宜生活与生产活动。一方面，麻子峪村面积狭小且三面环山，少有平坦地面发展工业与服务业，

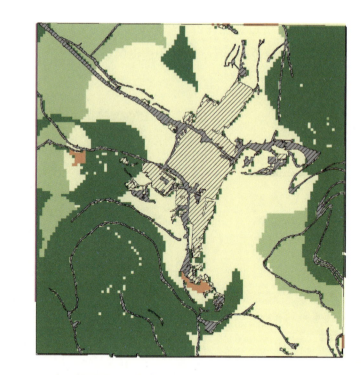

图 7-49 麻子峪村服务业生产适宜性评价结果

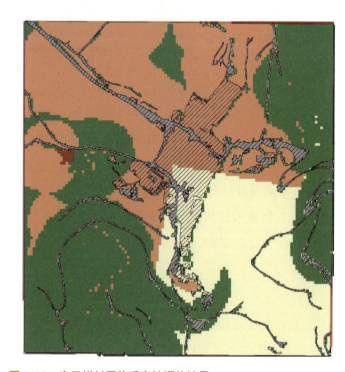

图 7-50 麻子峪村居住适宜性评价结果

在坡地进行的种植业活动也极易诱发水土流失等生态问题；另一方面，特殊的地势导致麻子峪村交通不畅，进一步降低生活与生产适宜性。

因此，麻子峪村应当严格控制建设范围与建设强度，同时重点保护西南部与东北部的天然林地；对于已经开发种植的坡地，应当注重护坡护坝设施与水利工程设施修建，在保证农业生产的同时防止雨季水土流失与塌方等生态问题与地质灾害的发生。

4. 生态空间优化指引

基于生态敏感性与适宜性评价，麻子峪村生态空间优化方向（图7-51）主要为：

（1）构建生态梯田。在梯田间开展绿色农业，营造独特的梯田景观。同时，设置田间栈道和观景平台，营造体验自然的场所。

（2）修建林间栈道。在自然资源丰富的山间设置散步道、休憩设施、导览标识等便民设施，确保当地居民和来客都能够轻松安全地接触自然。

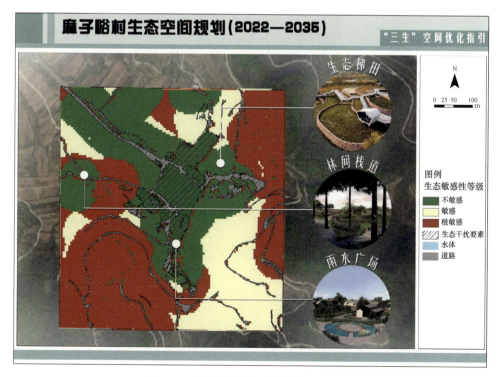

图 7-51 麻子峪村"三生"空间优化指引

（3）建设雨水广场。利用村落闲置开敞空间设置雨水广场，为村民提供休憩、集聚的公共场所，雨天时可成为蓄水池储藏雨水，晴天时作为公共活动场地。

5. 村镇社区生态敏感性与适宜性优化效果

经过系统生态空间优化后，对麻子峪村生态敏感性与各项生活生产适宜性重新评价，结果如下：

经过修建护坡带与提升天然植被覆盖度后，麻子峪村全域生态脆弱性等级均为不脆弱（图7-52），以水土流失为代表的各类生态环境问题风险降至最低。原本麻子峪村生态脆弱区面积占比为86.8%，优化后降为0。

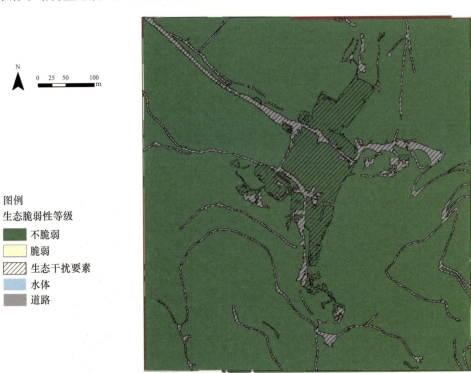

图7-52 麻子峪村优化后生态脆弱性评价结果

通过降低麻子峪村的生态脆弱性，麻子峪村的生态敏感性评价中因生态脆弱导致的生态敏感区面积下降（图7-53）。生态敏感性评价中敏感区面积占比从59.6%下降至21.1%。

第 7 章 村镇社区"双评价"应用案例

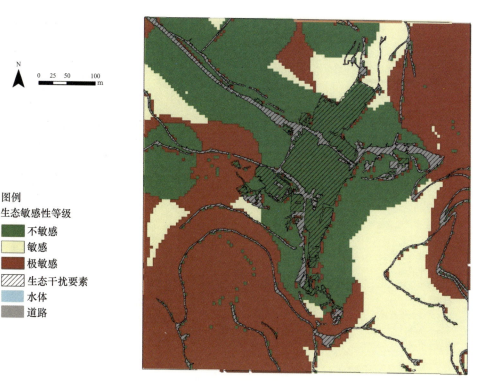

图 7-53 麻子峪村优化后生态敏感性评价结果

麻子峪村种植业生产适宜性有明显提升（图 7-54），种植业生产适宜区面积占比从 0.2% 提升至 30.5%，主要为原先的一般适宜区和较适宜区优化而来，二者面积占比分别下降了 8.4% 和 21.4%。

麻子峪村的工业生产适宜性有一定提高（图 7-55），但整体依旧不属于工业生产适宜地区。工业生产适宜性的一般适宜区面积比例从 0.5% 提升至 30.1%，主要由较不适宜区优化而来。

麻子峪村服务业生产适宜性有明显提升（图 7-56），集中建设区及其周边地区均为较适宜区，占比从 0.4% 提升至 31.2%，主要由原先的一般适宜区优化而来。但由于麻子峪村无特色文化旅游资源，因此主要适宜的服务业发展类型为面向村内社区居民的生活性服务业。

麻子峪村居住适宜性有一定提升（图 7-57），主要表现为原先的一般适宜区与较适宜区被优化为适宜区。一般适宜区与较适宜区面积占比分别下降 8.4% 与 21.4%，适宜居住区面积占比提升 30.3%。

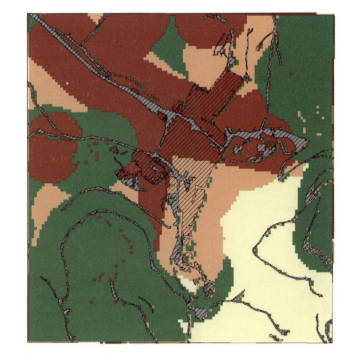

图 7-54 麻子峪村优化后种植业生产适宜性评价结果

图 7-55 麻子峪村优化后工业生产适宜性评价结果

第 7 章 村镇社区"双评价"应用案例

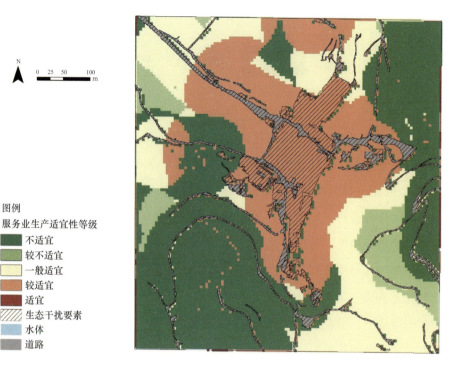

图 7-56 麻子峪村优化后服务业适宜性生产适宜性评价结果

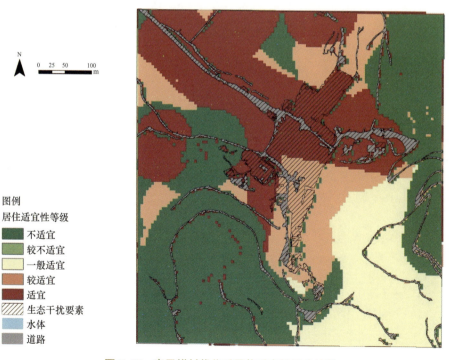

图 7-57 麻子峪村优化后居住适宜性评价结果

第5节 甄营村

1. 村情简介

甄营村位于天津市武清区黄花店镇北部（图7-58），距离黄花店镇镇政府驻地3.6 km。甄营村全村共有1000余户，户籍人口3000余人。甄营村全村共有耕地面积7030亩、林地面积230亩以及水面230亩。甄营村是武清区最大的无公害温室菜生产专业村，温室蔬菜占地5000余亩。全村90%的村民从事温室芹菜与西红柿种植与销售，村民总收入的2/3源于温室蔬菜种植。甄营村是黄花店镇温室种植西红柿与芹菜的发源地。甄营村自20世纪80年代起开始从事温室蔬菜生产的技术探索，随后逐渐扩展至全镇22个村上万亩温室蔬菜生产。如今，在甄营村的带领下，黄花店镇成为华北最大的芹菜种植基地，面积已经发展到3万亩左右，销往全国各地。

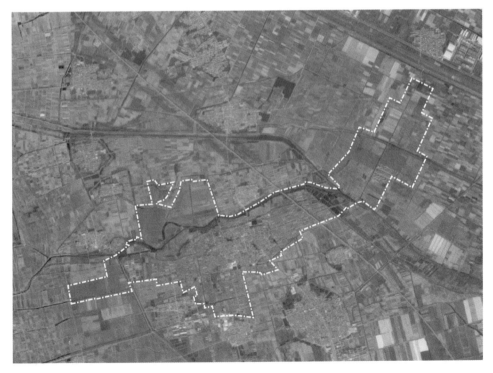

图7-58 甄营村遥感影像

甄营村地势低平、土壤肥沃且水系发达，生态环境优良。甄营村地处华北冲积平原，因此地势平缓且少发地质灾害，土层深厚且疏松肥沃，不仅有利于农业生产，也有利于其他生产建设。同时，甄营村属于温带大陆性季风气候区，四季分明，雨热同期，同样有利于农业生产。甄营村域内水系发达，村北部有一级河道永定河自西向东穿过，在村东北方向与新龙河交汇。村内自然水系、养殖坑塘与人工池塘等构成内部零星水系。甄营村沿河为沼泽湿地、人工湿地与林地，植被类型丰富，生态环境优越。但甄营村除沿河区域有自然植被覆盖外，其他区域多为耕地，因此具有一定水土流失与土地沙化风险。

2. 村镇社区生态敏感性与适宜性现状评价

基于甄营村的气温、降水、土壤质地、植被覆盖、坡度等自然生态情况，对甄营村进行生态脆弱性以及生态功能重要性评价，并综合得到生态敏感性评价结果。

从生态脆弱性评价结果来看（图7-59），甄营村无生态极脆弱区。在西南部、中东部水域周边有少量林地覆盖区域，生态脆弱性最低。但村域内少有天然植被覆盖，主要为耕地与建设用地，加之有天然河道与灌溉沟渠，有一定土地沙化与水土流失风险，因此在几乎全村表现为生态脆弱性中等的脆弱区。

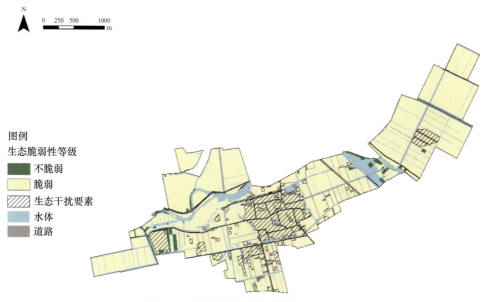

图 7-59　甄营村生态脆弱性评价结果

从生态功能重要性评价结果来看（图7-60），甄营村中西部和中东部的零散林地具有较高的水土保持和防风固沙重要性；东北部、西部和北部的高重要性区主要为河流和沟渠及其流域的耕地，因甄营村少有自然植被覆盖，因此耕地在有种植物时具有较高的水源涵养功能；中部的集中建设区东北部具有一片高重要性区，由于该区域两侧均有建设用地，有植被覆盖的耕地有相对更高的生态功能重要性。

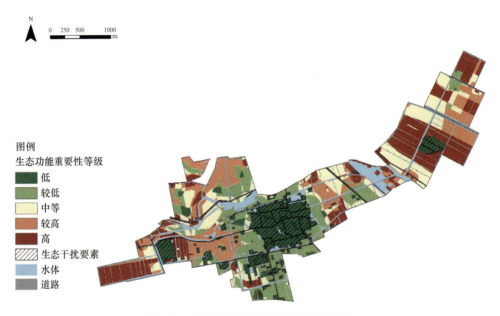

图7-60　甄营村生态功能重要性评价结果

结合生态脆弱性与生态功能重要性结果，甄营村极敏感区主要集中在东北部、西部及北部（图7-61），因村域内天然林地与草地较少，有植被覆盖且位于流域周边的耕地表现出较高的生态重要性。

从种植业生产适宜性评价结果看（图7-62），甄营村大部分属于种植业生产较适宜区与适宜区。除少部分生态敏感性较高地区外，在中部集中建设区周边、东北部等距离居住区较近的区域均为适宜区与较适宜区。

从工业生产适宜性评价结果来看（图7-63），甄营村工业生产适宜区与较适宜区主要分布在生态敏感性较低且距离中部集中建设区一定距离的区域。

第 7 章 村镇社区"双评价"应用案例

图 7-61 甄营村生态敏感性评价结果

图 7-62 甄营村种植业生产适宜性评价结果

图 7-63　甄营村工业生产适宜性评价结果

甄营村无服务业生产适宜区（图 7-64），一般适宜区位于中部集中建设区及其外围。这一区域距最近居民点距离较近，1 km 半径内居住用地面积较多，适宜发展服务村庄内部居民需求的生活性服务业。

图 7-64　甄营村服务业生产适宜性评价结果

甄营村居住适宜区主要分布东北部和西部的农地（图7-65），中部建设区外围为较适宜区，这一区域到最近工业用地距离较远。

图7-65　甄营村居住适宜性评价结果

3. 村内生态空间问题识别

从生态敏感性与适宜性评价结果来看，甄营村沿河区域因有水系与自然植被具有较低的水土流失与土地沙化风险，但村域内部多为耕地与建设用地，因此有一定水土流失与土地沙化风险。

因此，甄营村全村范围需要增加林地、草地的种植，加强东北部和西部的防风固沙及水土保持，在建设区增加绿地及绿化设施，尤其在建成区附近的生态敏感性高的区域需要控制建设强度。

4. 生态空间优化指引

基于生态敏感性与适宜性评价结果，确定甄营村生态空间优化方向（图7-66）主要为：

（1）修复保育滨河湿地。整治和种植滨水植物，形成沿河线性湿地，能够使河流发挥保障生物多样性、净化水质、提供休憩场所的功能，恢复河道的生态、休闲、社会效益。

图 7-66 甄营村"三生"空间优化指引

（2）注重提升街边绿化。在道路沿线通过栽种大型乔木、小型灌木等方式优化线性绿地空间，积极选用具有当地特色的花木，营造富有特色的社区内部景观。

（3）布置打造社区花园。利用村落闲置空间打造社区花园，种植有当地特色的植物和蔬菜，同时能够成为寓教于乐的教育中心，培养社区儿童自给自足、亲近自然的能力。

5. 村镇社区生态敏感性与适宜性优化效果

经过系统生态空间优化后，对甄营村生态敏感性与各项生活生产适宜性重新评价，结果如下：

甄营村整体生态脆弱性有明显改善（图 7-67）。生态敏感性评级为脆弱的区域面积占比从 98.3% 下降至 31.4%。村域内除集中建设用地与水域周边区域有一定生态问题风险外，均为生态不脆弱区。

图 7-67 甄营村优化后生态脆弱性评价结果

在降低甄营村生态脆弱性后,甄营村因生态脆弱导致生态敏感区面积明显下降(图 7-68),面积占比从 59.8% 下降至 37.1%。村域内生态敏感性极高的区域主要为有重要水源涵养等生态功能的区域。

图 7-68 甄营村优化后生态敏感性评价结果

生态脆弱性降低后,甄营村服务业生产适宜性有一定提升(图7-69)。其中,服务业生产较适宜区面积占比从0提升至5.2%,主要由原先的较不适宜区与一般适宜区优化而来。其中,较不适宜区面积占比下降3.9%,一般适宜区面积占比下降1.1%。

图7-69 甄营村优化后服务业生产适宜性评价结果

第6节 北 辛 村

1. 村情简介

北辛村位于山东省潍坊市峡山生态经济开发区太保庄街道中部(图7-70),气象、水文、土壤、植被与水文条件均十分优越。北辛村地处暖温带季风气候区,夏季暖热多雨,冬季寒冷干燥,四季分明。北辛村地势低平,均为平原地区,少发地质灾害。全年空气优良天数达300天,负氧离子浓度大于3000个·cm^{-3},被称为"半岛绿肺"。北辛村乔木种类较少,主要为零星生长的杨、柳、榆、槐、柏等。

北辛村背靠山东省最大水库——峡山水库,灌溉条件优越、渔业资源丰富。峡山水库控制流域面积4210 km^2,总库容1.405×10^9 m^3,兴利库容5.03×10^8 m^3。

第 7 章 村镇社区"双评价"应用案例

图 7-70 北辛村遥感影像

峡山水库水质稳定保持在地表水Ⅲ类以上标准。地处峡山水库灌区的北辛村农业生产得到极大便利，村内主要种植小麦、玉米等农作物。因背靠水库，北辛村淡水鱼类资源较丰富，盛产鲢鱼、鲤鱼、草鱼、黑鱼、鲫鱼、鳊鱼、马口鱼、黄颡鱼等；虾蟹类有日本沼虾、中华绒螯蟹、锯齿溪蟹、锯缘青蟹等。尽管峡山水库周边绿化覆盖率较高，超过47%，但北辛村除了峡山水库周边区域有林地覆盖，其他区域多为耕地，少有绿化。

2. 村镇社区生态敏感性与适宜性现状评价

基于北辛村的气温、降水、土壤质地、植被覆盖、坡度等自然生态情况，对北辛村进行生态脆弱性以及生态功能重要性评价，并综合得到生态敏感性评价结果。

从生态脆弱性评价结果来看（图7-71），北辛村表现为生态脆弱区的地域主要为大面积的耕地和建设用地。这些区域植被覆盖度低，存在水土流失问题。生态不脆弱区则主要为沿水库与灌渠周围有林地绿化片区。

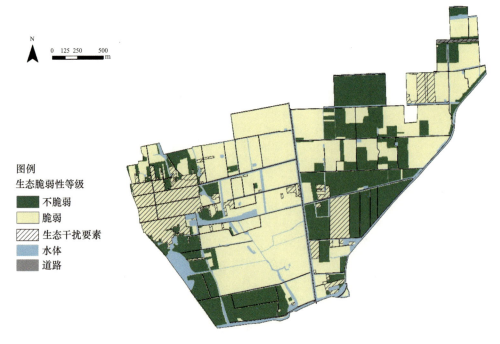

图 7-71　北辛村生态脆弱性评价结果

从生态功能重要性评价结果看（图 7-72），北辛村生态功能重要性高的区域主要集中在东部和西南部。其中，西南部不仅背靠水库，且域内具有大面积水体，周边分布林地；东部为主要的落叶阔叶林覆盖范围，水系连通度高，在水源涵养和水土保持方面的重要性高。

结合生态脆弱性与生态功能重要性评价结果（图 7-73），北辛村生态极敏感区域集中在东部和西南部，覆盖了村域内的主要乔木林地、水域及少量草地，其余区域普遍为生态敏感区。

从种植业生产适宜性评价结果来看（图 7-74），北辛村整体表现出极高的种植业生产适宜性。北辛村种植业生产适宜区分布在村域西北部的建设区、中部和西北部的小部分设施农用地，因此，在距离集中居住区较近且不具备重要生态功能的区域均为种植业生产适宜区。

北辛村工业生产适宜区主要分布在村域中部距建设区较远的区域（图 7-75）。村域中部和东北部有大范围的工业生产适宜区。这一区域生态敏感性相对较低且坡度平缓，到最近居民点距离较远。

第 7 章　村镇社区"双评价"应用案例

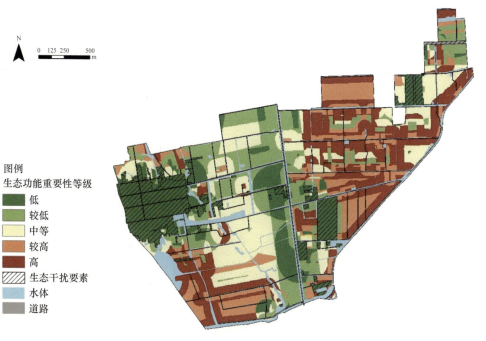

图 7-72　北辛村生态功能重要性评价结果

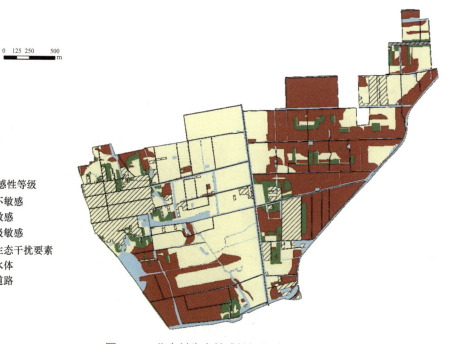

图 7-73　北辛村生态敏感性评价结果

图 7-74 北辛村种植业生产适宜性评价结果

图 7-75 北辛村工业生产适宜性评价结果

北辛村服务业生产适宜性整体较低（图7-76），服务业生产较适宜区零星分布在集中建设区周边以及南部区域。因此，北辛村服务业业态主要为面向村镇社区居民的生活性服务业。

图7-76　北辛村服务业生产适宜性评价结果

除生态敏感性较高区域、集中建设区东南部的工业用地周边以及连片耕地区域外，北辛村居住适宜性均较高（图7-77）。居住适宜区主要分布在中部和东北部，这些区域生态敏感性相对较低且到最近工业用地距离较远。

3. 村内生态空间问题识别

根据生态敏感性与适宜性评价结果，北辛村整体生态环境优越。全村范围内水系与周边绿化林地充足，有较强的生态系统功能。但除林地与水系外，北辛村耕作区面积广阔，存在土地沙化与水土流失风险。此外，西南部地区因水系发达水土流失风险更高。因此，北辛村需要在保持林地生态功能的同时，控制建设开发范围与强度；在西部集中建设区以及主要耕作区见缝插绿，降低水土流失与土

图 7-77 北辛村居住适宜性评价结果

地沙化风险；同时，注重农业面源污染管控治理，保护村内水系与峡山水库的生态环境。

4. 生态空间优化指引

基于生态敏感性与适宜性评价结果，确定北辛村生态空间优化方向（图7-78）主要为：

（1）提升宅边绿化。在住宅旁边栽植具有当地特色的花木，既能营造富有社区特色的内部景观，提升整体村落人居环境，又能够为村民提供休闲空间。

（2）建设生态农田。通过在农田与道路的交界处沿线种植植物或景观作物，营造连续的村镇社区田园景观。

（3）打造生态驳岸。河流水渠等的流路应尽量避免直线，通过设置剖面上的宽度深度等变化以及放置石块、栖木、水生植物等方法，形成浅滩，使水流变化平缓，确保生息环境的多样性，同时也提高了亲水性。

图 7-78　北辛村"三生"空间优化指引

5. 村镇社区生态敏感性与适宜性优化效果

经过系统生态空间优化后,对北辛村生态敏感性与各项生活生产适宜性重新评价,结果如下:

北辛村生态脆弱性明显降低(图 7-79)。除靠近水库的村内大面积水体周边依旧有一定生态环境风险外,村内其他区域生态脆弱性等级均降至最低。经过优化,北辛村生态脆弱区面积占比从 70.0% 下降至 3.2%,下降了 66.8%。

生态脆弱性明显下降后,北辛村生态敏感性也有所下降(图 7-80)。因生态脆弱性而导致生态敏感的区域面积减少,因此,生态敏感性一般的生态敏感区面积占比从 54.3% 下降为 22.6%。北辛村生态极敏感区域均为具有重要生态功能的区域。

生态脆弱性下降后,北辛村服务业生产适宜性也有所提升(图 7-81)。集中建设区全域几乎均为服务业生产较适宜区。整体来看,北辛村服务业生产较适宜区占比从 2.0% 提升至 9.3%,主要由原先的一般适宜区优化而来,较不适宜区面积占比从 47.8% 下降至 38.6%。

图 7-79　北辛村优化后生态脆弱性评价结果

图 7-80　北辛村优化后生态敏感性评价结果

图 7-81　北辛村优化后服务业生产适宜性评价结果

第 7 节　南张庄村

1. 村情简介

南张庄村位于河北省邢台市南和区河郭乡（图 7-82），处于邢台市中心城区的东南部，距离邢台市中心 18 km，距离南和区中心 5 km。邢台市重要的河流南澧河从村庄东侧流过。南张庄村农业以种植小麦、玉米为主，村内蔬菜种植 400 多亩；工业方面，邢台奥贝宠物食品有限公司坐落于本村，该企业带动了本村经济发展，提高了本村就业率和农民收入。

南张庄村属于温带季风气候，村内地形平坦。在《河北省邢台市国土空间总体规划（2021—2035 年）》（征求意见版）中，南张庄村位于九条重要河流廊道之一的沙河生态廊道。由于距离中心城区较近，在《邢台市南和区乡村振兴战略总体规划（2019—2022 年）》中，南张庄村位于规划的三区中的"产城融合区"。

图 7-82　南张庄村遥感影像

2. 村镇社区生态敏感性与适宜性现状评价

基于南张庄村的降水、土壤、植被等自然要素对南张庄村进行生态脆弱性以及生态功能重要性评价，并综合得到生态敏感性评价结果。

从生态脆弱性评价结果来看（图 7-83），南张庄村整体属于生态脆弱区，在土地沙化、水土流失、土壤盐渍化等方面，村域内各地区显示情况一致，均表现为脆弱，生态脆弱性主要来源于土地沙化问题。

从生态功能重要性评价结果来看（图 7-84），南张庄村东部、西北部、西南部的大范围耕地受到农村居民点建设的影响相对来说较小，生态功能相对重要，村庄东南侧沿公路分布有少量的草地，具有一定的防风固沙功能；而农村居民点及其周边地区整体上生态功能重要性则相对较低。

因此，综合来看，南张庄村以生态极敏感区和敏感区为主（图 7-85），其中极敏感区主要分布在距离农村居民点较远的东部及西北部，地类以旱地为主，受村镇建设的干扰较小；此外，村域东南部的少量草地和北部的少量裸地也表现为生态极敏感区，其余区域为生态敏感区。

第7章 村镇社区"双评价"应用案例

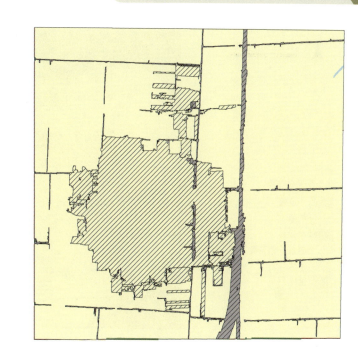

图7-83 南张庄村生态脆弱性评价结果

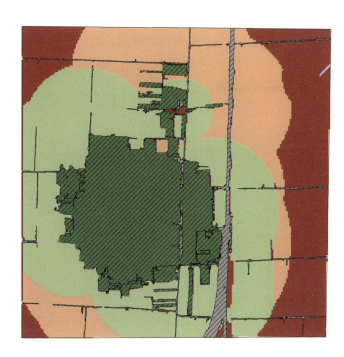

图7-84 南张庄村生态功能重要性评价结果

图 7-85　南张庄村生态敏感性评价结果

从种植业生产适宜性评价结果来看（图 7-86），南张庄村种植业生产适宜区主要分布在农村居民点范围内及其周边，这些地区生态敏感性相对较低，且坡度平缓，而且符合农民就近耕作的原则。

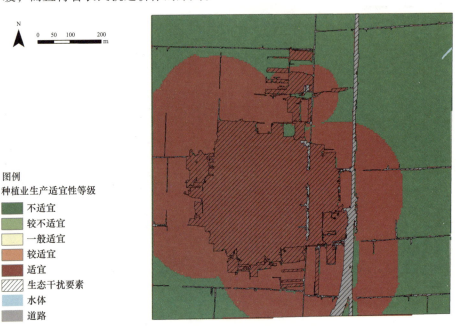

图 7-86　南张庄村种植业生产适宜性评价结果

从工业生产适宜性评价结果来看（图7-87），考虑到工业用地布局与乡村居住用地（宅基地）布局相互干扰的特性，南张庄村的工业生产适宜区压缩到村庄北部边缘和东南部边缘，面积非常小，这些地区生态敏感性相对较低，坡度平缓，且对居民生活影响较小。

图 7-87　南张庄村工业生产适宜性评价结果

从服务业生产适宜性评价结果来看（图7-88），村内基本上无服务业生产适宜区，农村居民点及其周边为一般适宜区，在这些区域布局服务业更便于村民使用。

从居住适宜性评价结果来看（图7-89），南张庄村现有的村庄建设用地范围内出现一般适宜区和较不适宜区两种类型，主要是因为村庄南北边缘的两处工业用地的干扰，因此体现出现状建设用地的外围为一般适宜区而内部为较不适宜区的特点。

3. 村内生态空间问题识别

基于南张庄村的自然生态环境和人工绿化情况，结合生态敏感性与适宜性评价结果，可以看出南张庄村整体的生态基底较差，表现在以下两方面：① 虽

图 7-88　南张庄村服务业生产适宜性评价结果

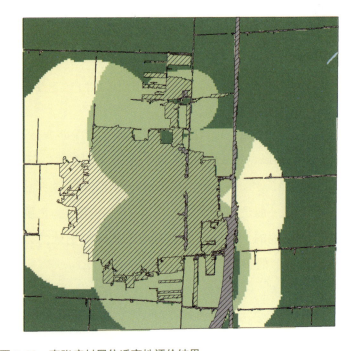

图 7-89　南张庄村居住适宜性评价结果

然村边有南澧河流经,但是村内部并没有坑塘沟渠等与之贯通的水域,也没有林地、草地等生态要素,大部分地区都提供不了很强的生态功能。② 村内人工绿化也相对较差,未能弥补天然的生态要素不足的情况。

因此,南张庄村的生态空间优化方向包括3方面:首先,应在整个村域控制建设,适当退耕还林、还草,加强生态要素的培育;其次,保护现有在东南部公路边分布的小面积草地,最大程度上保持和发挥其生态功能;最后,增加地表水体,在保持耕地斑块的完整性的前提下,增加水系连通度。

4. 生态空间优化指引

基于南张庄村的生态敏感性与适宜性现状评价以及村域内生态空间布局的问题识别,提出以下3个生态空间优化的具体对策(图7-90):

(1)补足宅边绿化。采用乔木与灌木结合的方式,通过在宅边种植具有当地特色花木,保障社区内绿地空间,同时提升人居环境,为村民提供休憩娱乐的场所,以弥补南张庄村自然生态要素缺乏的问题。

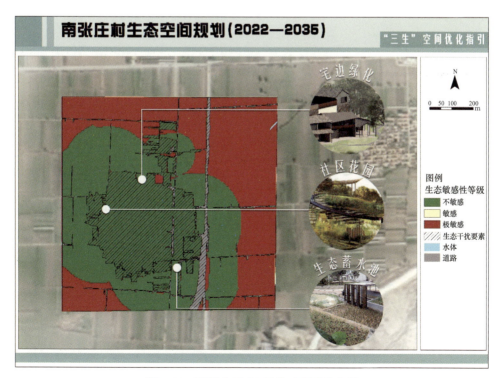

图7-90 南张庄村"三生"空间优化指引

（2）建设社区花园。利用社区开敞空间打造小规模的社区花园，增加居民点内部的植被覆盖度，同时设置游憩小径、凉亭、运动场地、休闲广场等公共设施，既提升了社区生态环境，又为村民提供了休闲、集聚的场所。

（3）增加生态蓄水池。虽然村边紧邻南澧河，但是村域范围没有水系，可以通过设置阶梯式生态蓄水池，达到雨水逐级净化与收集的作用，同时增加滨水活动及亲水空间，植入景观构筑，改变原有视线焦点，将人的活动引入场地，丰富场地的空间形态，实现乡村公共活动与生态景观的有机融合。

5. 村镇社区生态敏感性与适宜性优化效果

经过系统生态空间优化后，对南张庄村的生态敏感性与各项生活生产适宜性重新评价，结果如下：

在生态脆弱性方面（图7-91），南张庄村整体基本上由生态脆弱区转变为生态不脆弱区，对应地，在生态敏感性方面（图7-92），村庄居民点及其周边由生态敏感区优化为生态不敏感区，生态不敏感区占比提升41.3%，而村域外围仍属于生态极敏感区。

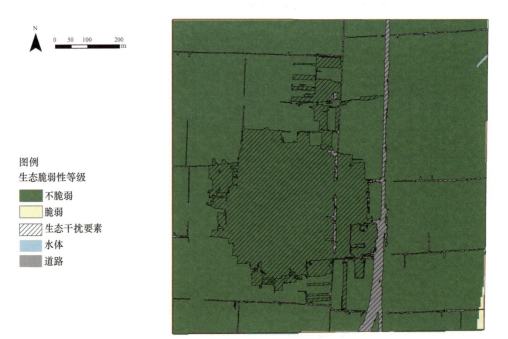

图7-91　南张庄村优化后生态脆弱性评价结果

第 7 章 村镇社区"双评价"应用案例

图 7-92 南张庄村优化后生态敏感性评价结果

通过对生态脆弱性与生态敏感性的优化，南张庄村的服务业生产适宜性（图 7-93）也有明显提升。农村居民点及其周边大部分由服务业生产一般适宜

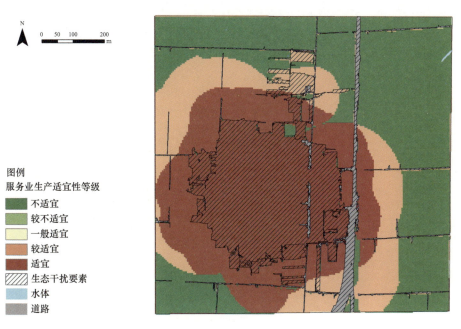

图 7-93 南张庄村优化后服务业生产适宜性评价结果

区优化为适宜区，服务业生产适宜区和较适宜区面积占比分别提升 41.2% 和 18.6%，而服务业生产一般适宜区和较不适宜区的占比相应分别下降 41.1% 和 18.3%。

第 8 节　西郑庄村

1. 村情简介

西郑庄村位于河北省邢台市南和区河郭镇（图 7-94），处于邢台市中心城区的东南部，距离邢台市中心 15 km，距离南和区中心 4 km。村庄北侧距东吕高速 1.8 km，西侧距离 107 国道 1.5 km，对外交通便捷。南和区经济开发区在村庄北部，西郑庄村与经济开发区相距 2.5 km。村庄农业以种植小麦、玉米为主。由于距离中心城区较近，在《邢台市南和区乡村振兴战略总体规划（2019—2022年）》中，西郑庄村位于规划的三区中的"产城融合区"。

图 7-94　西郑庄村遥感影像

西郑庄村属暖温带半干旱大陆性季风气候，四季分明，大陆性气候明显，天气过渡性突出、变异性显著，年平均降水量 499.6 mm。村庄位于太行山山前冲积扇地带，村内地势平坦开阔，由西南向东北倾斜，海拔高程约为 30 m，地面坡降度为 1/2500。该地区的土壤类型为潮土，土壤 pH 平均值 7.80，属碱性土壤。20 世纪 80 年代以后，由于干旱和地下水超采，该地区的地下水位年均下降 0.4 m。

2. 村镇社区生态敏感性与适宜性现状评价

基于西郑庄村的降水、土壤、植被等自然要素对西郑庄村进行生态脆弱性以及生态功能重要性评价，并综合得到生态敏感性评价结果。

从生态脆弱性评价结果来看（图 7-95），整个西郑庄村在土地沙化、水土流失、土壤盐渍化等方面的脆弱性相对均质，为生态脆弱区，生态脆弱性的主要来源是土地沙化问题。

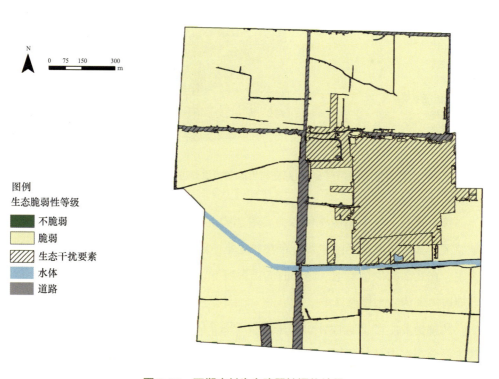

图 7-95 西郑庄村生态脆弱性评价结果

从生态功能重要性评价结果来看（图7-96），生态功能重要性高的区域主要分布在村庄南部的沟渠附近，以及村庄北部与居民点相距较远的耕地区域。村庄西北部沿路分布有小面积的带状绿地（草地），在防风固沙方面体现一定的生态功能。南部坑塘水域周边生态功能重要性高，主要是由于水源涵养的作用。此外，村庄居民点内部及周边的生态功能重要性低。

图7-96　西郑庄村生态功能重要性评价结果

综合来看，在生态敏感性方面（图7-97），西郑庄村主要是生态敏感区和极敏感区。其中，极敏感区主要分布在村庄集中建设区的北部和南部，地类以旱地为主，在北部的少量草地、南部的沟渠影响下，其周边区域也极敏感。村庄居民点周边体现为生态敏感区。

从种植业生产适宜性评价结果来看（图7-98），西郑庄村的种植业生产适宜区主要分布在中部村庄居民点及其周边，这些地区生态敏感性相对较弱，坡度平缓，且方便农民就近耕作。

第 7 章 村镇社区"双评价"应用案例

图例
生态敏感性等级
■ 不敏感
■ 敏感
■ 极敏感
▨ 生态干扰要素
■ 水体
■ 道路

图 7-97 西郑庄村生态敏感性评价结果

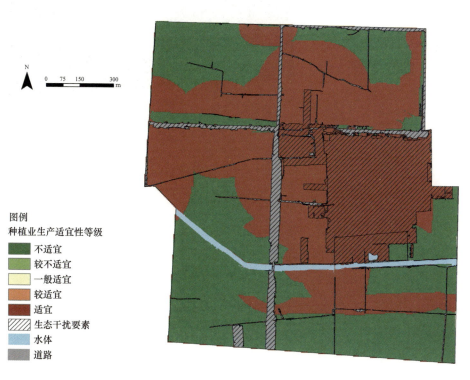

图例
种植业生产适宜性等级
■ 不适宜
■ 较不适宜
■ 一般适宜
■ 较适宜
■ 适宜
▨ 生态干扰要素
■ 水体
■ 道路

图 7-98 西郑庄村种植业生产适宜性评价结果

从工业生产适宜性评价结果来看（图7-99），西郑庄村的工业生产较适宜区主要分布在村庄南部边缘和北部边缘，面积较小，同时满足远离农村居民点和远离沟渠等自然生态空间的要求，这些地区的生态敏感性相对较弱，坡度平缓。

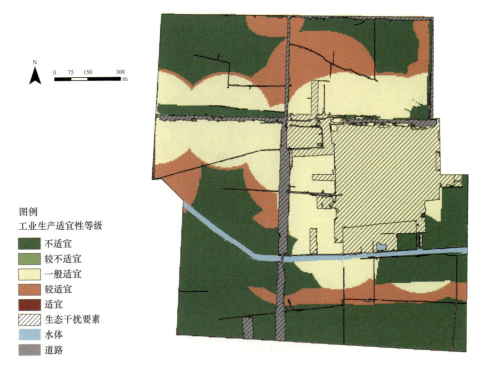

图7-99　西郑庄村工业生产适宜性评价结果

从服务业生产适宜性评价结果来看（图7-100），西郑庄村基本上没有服务业生产适宜区，服务业生产适宜性呈现圈层分布，居民点及其周边属于一般适宜区，其他地区都不太适宜服务业发展。

从居住适宜性评价结果来看（图7-101），受到村庄居民点西部和南部的工业用地的影响，西郑庄村居住适宜区面积较小，集中分布在村庄西部边缘，一般适宜区也主要分布在集中建设区的北部和西北部，这些地区受工业生产的影响相对较小。

第 7 章 村镇社区"双评价"应用案例

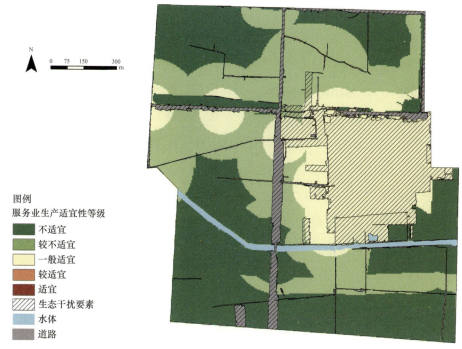

图 7-100 西郑庄村服务业生产适宜性评价结果

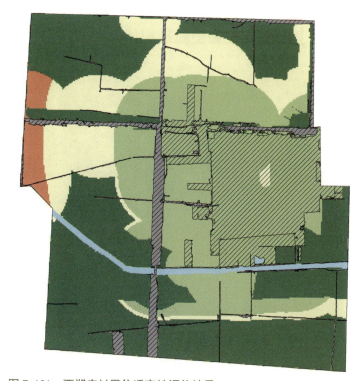

图 7-101 西郑庄村居住适宜性评价结果

3. 村内生态空间问题识别

基于西郑庄村的自然生态环境和人工绿化情况，结合生态敏感性与适宜性评价结果，可以看出西郑庄村整体的生态基底一般，生态空间布局的问题主要表现在以下两方面：① 村庄南部有沟渠，但是沟渠两侧并没有林地、草地等生态要素，整体上大部分地区生态功能不强。② 生态功能重要地区分布相对破碎，工业用地布局限制了水渠等自然生态要素的生态功能发挥。

因此，西郑庄村的生态空间优化方向包括3方面：首先，应在整个村域控制建设，适当退耕还林、还草，加强生态要素的培育；其次，保护现有自然沟渠及少量的草地，最大程度上保持和发挥其生态功能；最后，在保证耕地斑块完整性的前提下，增加水系连通度。

4. 生态空间优化指引

基于西郑庄村的生态敏感性与适宜性现状评价以及村域内生态空间布局的问题识别，提出以下3个生态空间优化的具体对策（图7-102）。

图 7-102　西郑庄村"三生"空间优化指引

(1)种植生态林。针对西郑庄村现状林地、绿地等生态要素不足的问题,应该增加种植生态林,利用小型林地加以改造,设置散步道、休憩设施、导览标识等便民设施,确保当地居民和来客都能轻松安全地接触自然。

(2)加强水系连通性。有计划地推进水沟水渠的修缮,使其形成联通的农业灌溉体系,保证农业生产活动的稳定开展。

(3)打造雨洪广场。利用社区内闲置空间打造雨洪广场,采用渗水铺装、景观绿地、地下蓄水池等收集净化雨水,形成雨季与旱季的差异性景观,同时成为村民休闲交流的重要场所。

5. 村镇社区生态敏感性与适宜性优化效果

经过系统生态空间优化后,对西郑庄村的生态敏感性与各项生活生产适宜性重新评价,结果如下。

在生态脆弱性方面(图7-103),西郑庄村整体上由生态脆弱区优化为生态不脆弱区。相应地,生态敏感性方面(图7-104),村庄居民点及其周边地区也

图7-103　西郑庄村优化后生态脆弱性评价结果

图 7-104　西郑庄村优化后生态敏感性评价结果

由生态敏感区转变为生态不敏感区，生态敏感区面积占比下降 45.5%。而村庄外围地区仍属于生态极敏感区。

通过对生态脆弱性与生态敏感性的优化，西郑庄村的服务业生产适宜性也有明显提升（图 7-105）。主要体现为村庄居民点内部及其周边由服务业生产一般适宜区转变为适宜区和较适宜区，服务业生产适宜区和较适宜区的面积占比分别提高 22.3% 和 24.2%。

第9节　黄家庄村

1. 村情简介

黄家庄村位于山东省潍坊市寿光市洛城街道（图 7-106），寿光市北濒渤海，而黄家庄村处于寿光市中心城区的南部边缘，距离寿光市中心 5.2 km，在《寿光市城市总体规划（2015—2030）》中被划入中心城区规划范围内。黄家庄村农业以种植小麦、玉米为主，主要经济作物为蔬菜，品种有黄瓜、丝瓜、彩椒等。

第7章 村镇社区"双评价"应用案例

图例
服务业生产适宜性等级
- 不适宜
- 较不适宜
- 一般适宜
- 较适宜
- 适宜
- 生态干扰要素
- 水体
- 道路

图 7-105 西郑庄村优化后服务业生产适宜性评价结果

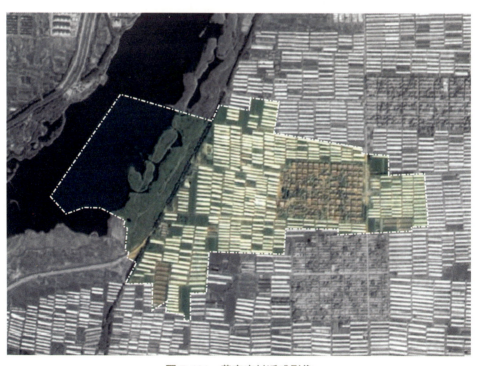

图 7-106 黄家庄村遥感影像

207

黄家庄村地处中纬度带，属暖温带季风区大陆性气候，多年平均降水量593.8 mm。黄家庄村位于弥河东岸，弥河水质较优，弥河断面达到地表水Ⅲ类的优良水体水质标准。

2. 村镇社区生态敏感性与适宜性现状评价

基于黄家庄村的降水、土壤、植被等自然要素对黄家庄村进行生态脆弱性以及生态功能重要性评价，并综合得到生态敏感性评价结果。

从生态脆弱性评价结果来看（图7-107），黄家庄村西部是弥河，水域面积较大，河岸东侧有相当规模的林地，这部分属于生态不脆弱区，而村东部基本没有生态要素，主要是居民点和周边的耕地，这些地区属于生态脆弱区。

从生态功能重要性评价结果来看（图7-108），黄家庄村西部为弥河水域和林地，水源涵养和水土保持重要性高。此外，村内零星分布的几处坑塘、林地、果园，也承担了一定的生态功能，属于生态功能重要性中等区。而居民点及其外围的生态功能重要性相对较低。

综合来看，黄家庄村的生态极敏感区主要集中在弥河沿岸的林地范围内（图7-109），以及村内的坑塘、果园地区，主要由生态功能重要性导致，其他大部分区域属于生态敏感区。

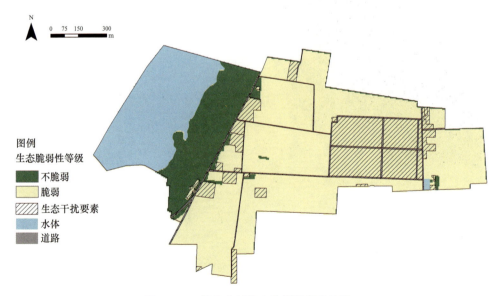

图 7-107 黄家庄村生态脆弱性评价结果

图 7-108 黄家庄村生态功能重要性评价结果

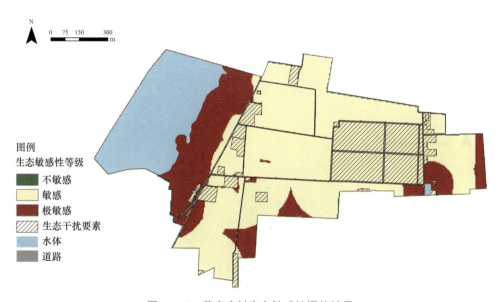

图 7-109 黄家庄村生态敏感性评价结果

在种植业生产适宜性方面（图 7-110），黄家庄村种植业生产适宜区主要分布在农村居民点范围内以及周边距离较近的地区，这些地区生态敏感性相对较弱，坡度平缓，符合农民就近耕作的原则。西部及东南部的生态用地属于种植业生产不适宜区。

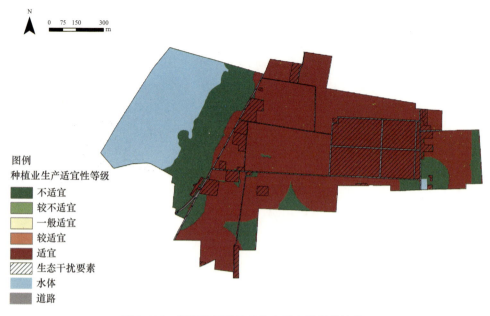

图 7-110　黄家庄村种植业生产适宜性评价结果

在工业生产适宜性方面（图 7-111），黄家庄村的工业生产较适宜区面积较大，主要分布在林地以东、村庄居民点以西的中间位置，现状为耕地、设施农用

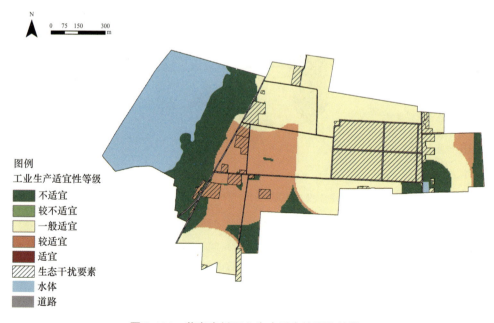

图 7-111　黄家庄村工业生产适宜性评价结果

地及少量建设用地,这些地区生态敏感性相对较弱,坡度平缓,且对生态空间和生活空间的干扰都相对较小。

在服务业生产适宜性方面(图 7-112),黄家庄村几乎没有适宜服务业生产的地块,乡村居民点及其周边为服务业生产一般适宜区。

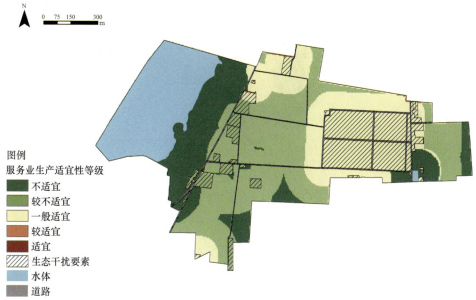

图 7-112　黄家庄村服务业生产适宜性评价结果

在居住适宜性方面(图 7-113),目前现有的居民点及其附近属于居住一般适宜区;考虑到居住和工业生产的相互干扰,在村庄南部和西部的两处工业用地周边属于居住较不适宜区;此外,河流、坑塘等生态要素周边为居住不适宜区。

3. 村内生态空间问题识别

基于黄家庄村的自然生态环境和人工绿化情况,结合生态敏感性与适宜性评价结果,可以看出黄家庄村整体的生态基底较好,表现在以下两方面:① 由于毗邻弥河,村域内水面率较高,河流、坑塘、林地等生态要素相对丰富,提供了重要的生态功能;② 生态要素斑块相对集中,规模较大,与生态干扰要素(农村居民点)有一定距离,生态空间与生产生活空间相对独立,整体上生态空间布局较为合理。

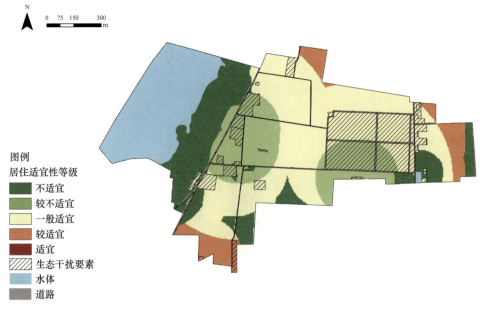

图 7-113　黄家庄村居住适宜性评价结果

目前存在的问题包括：① 农村居民点内绿化不足，只有零星的林地；② 村域内果树、果园不成规模，分布相对分散，影响生态功能的发挥。

因此，黄家庄村的生态空间优化方向包括 3 方面：首先，保护现有的天然水域和林地，确保其生态涵养功能的发挥和提升；其次，在农村居民点内部及周边提升生态要素占比，增种果园或其他林地，形成集中连片的生态空间；最后，适当退耕还林、还草，通过人工加强水体连通度，推行森林、河流、湖泊休养生息，开展耕地休耕轮作试点，巩固退田还湖、还湿成果。

4. 生态空间优化指引

（1）增补宅边绿化（图 7-114）。在黄家庄村的村宅旁边通过种植具有当地特色花木的形式确保绿地空间，营造富有特色的社区内部景观，保障社区内绿地空间，同时提升人居环境，为村民提供休憩娱乐的场所。

（2）打造滨河湿地。黄家庄村西侧的弥河水域面积广阔，河流水面宽度为 800 m 左右，黄家庄村应该充分利用这项生态资源，整治和种植滨水植物，形成沿河线性湿地，提升滨河空间的生态功能，使河流能够发挥保障生物多样性、净

第 7 章 村镇社区"双评价"应用案例

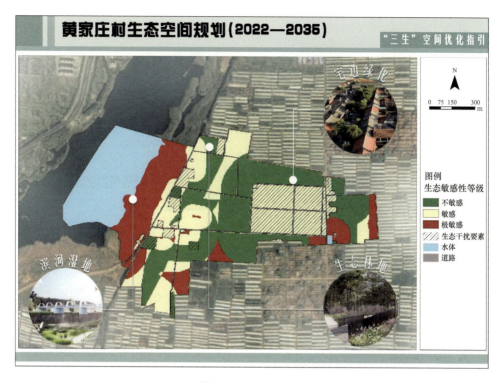

图 7-114 黄家庄村"三生"空间优化指引

化水质、提供休憩场所的功能,恢复河道的休闲作用和生态、社会效益。提升水源涵养功能。有序推进低质低效林改造、湿地生态修复等生态修复工程,涵水于地、涵水于林草,全面提升生态系统涵水功能。

(3)完善生态林地。利用弥河沿岸的林地加以改造,设置散步道、休憩设施、导览标识等便民设施,确保当地居民和来客都能够轻松安全地接触自然。

5. 村镇社区生态敏感性与适宜性优化效果

经过系统生态空间优化后,对黄家庄村的生态敏感性与各项生活生产适宜性重新评价,结果如下:

在生态脆弱性方面(图 7-115),黄家庄村有较大面积的耕地由生态脆弱区优化为生态不脆弱区,生态脆弱区面积占比下降 51.0%。相应地,生态敏感性方面(图 7-116),村庄范围内生态敏感区面积占比下降,而生态不敏感区面积占比提升 30.5%,优化后的生态不敏感区主要分布在农村居民点外围的耕地区域。

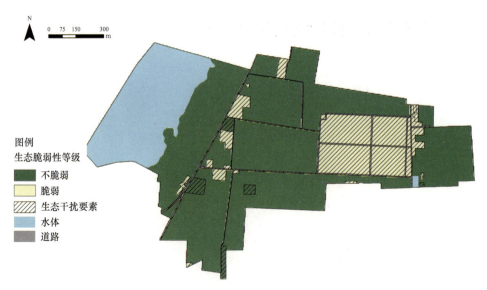

图 7-115　黄家庄村优化后生态脆弱性评价结果

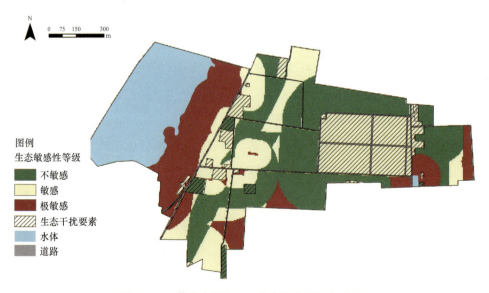

图 7-116　黄家庄村优化后生态敏感性评价结果

通过对生态脆弱性与生态敏感性的优化，黄家庄村的服务业生产适宜性也有明显提升（图 7-117）。服务业生产较适宜区域面积占比由 0.2% 增加至 10.9%，服务业生产一般适宜区面积占比从 29.1% 提升至 38.3%，而服务业生产较不适宜区大幅减少。

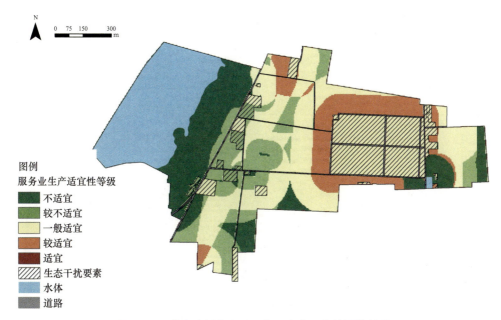

图 7-117　黄家庄村优化后服务业生产适宜性评价结果

第 10 节　陈　屯　村

1. 村情简介

陈屯村位于山东省潍坊市寿光市洛城街道（图 7-118），寿光市北濒渤海，2019 年入选全国百强县，有"中国蔬菜之乡"之称。陈屯村处于寿光市中心城区正东侧，距离寿光市中心 12.5 km，从区位上看属于寿光市中心城区的城边村。该村农业与县域内其他村类似，以蔬菜等经济作物种植为主，种植品种有黄瓜、丝瓜、彩椒等。

陈屯村地处中纬度带，属暖温带季风区大陆性气候，多年平均降水量 593.8 mm。陈屯村处于平原地区，海拔在 50 m 以下。土壤母质为河流冲积物，河滩高地主要分布在丹河附近，该区域水热条件好，土壤以褐土化潮土和潮土为主。陈屯村村域内没有水系，东距丹河 1.6 km，丹河断面达到地表水Ⅳ类的优良水体水质标准。

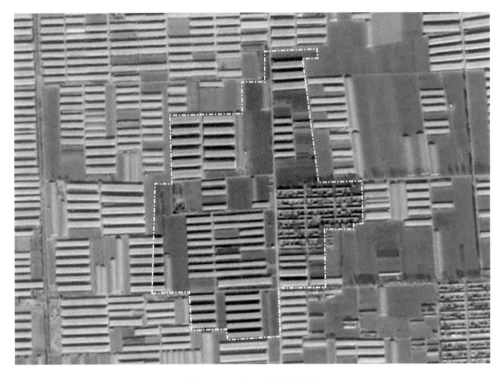

图 7-118 陈屯村遥感影像

2. 村镇社区生态敏感性与适宜性现状评价

基于陈屯村的降水、土壤、植被等自然要素对陈屯村进行生态脆弱性以及生态功能重要性评价,并综合得到生态敏感性评价结果。

从生态脆弱性评价结果来看(图 7-119),陈屯村全村除农村居民点外围分布的小面积林地、园地为生态不脆弱区以外,其余耕地、村庄建设用地均为生态脆弱区,村域内的植被覆盖度较低是造成生态脆弱性的主要原因。

从生态功能重要性评价结果来看(图 7-120),陈屯村村域内生态要素较少,所以大部分地区生态功能重要性较低,生态功能重要性相对高的地区集中在村庄西部,这些地区距离居民点较远,此外,居民点外围分布的林地和园地具有较高的水土保持生态功能重要性。

综合来看,陈屯村生态极敏感区主要分布在村庄西部和农村居民点周边地区(图 7-121),而农村居民点内部和其他大范围的耕地属于生态敏感区。

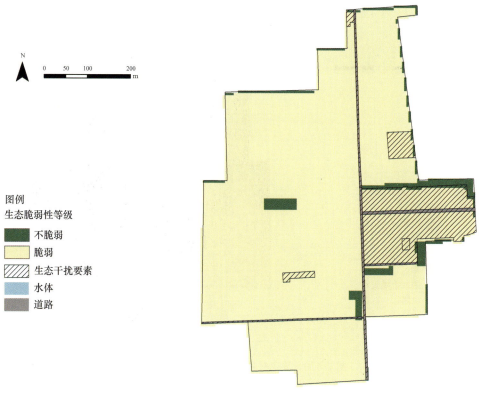

图 7-119　陈屯村生态脆弱性评价结果

在种植业生产适宜性方面（图 7-122），陈屯村种植业生产适宜区主要分布在东部地区，尤其是邻近农村居民点的地区，这些地区生态敏感性相对较低，坡度平缓，符合农民就近耕作的原则。而村域西部为种植业生产不适宜区。

在工业生产适宜性方面（图 7-123），陈屯村工业生产较适宜区主要分布在村域的北部和南部边缘地区，这些地区生态敏感性相对较低，坡度平缓，而且与农村居民点（生活空间）和生态空间的相互干扰性较小。

在服务业生产适宜性方面（图 7-124），全村范围内几乎没有适宜发展服务业的地块，仅在东部的农村居民点外围地区分布有小面积、带状的服务业生产较适宜区，农村居民点内部为服务业生产一般适宜区。

在居住适宜性方面（图 7-125），除了村域西部的生态功能重要区以外，村内大部分地区（包括现有的农村居民点范围）都属于居住适宜区，这些地区的生态敏感性相对较低，坡度平缓。

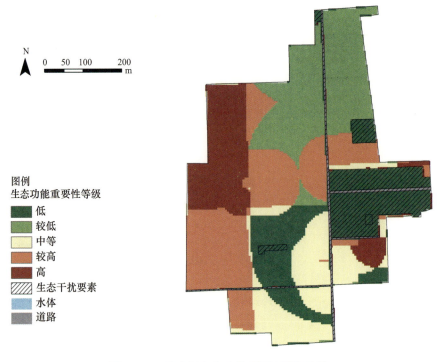

图 7-120 陈屯村生态功能重要性评价结果

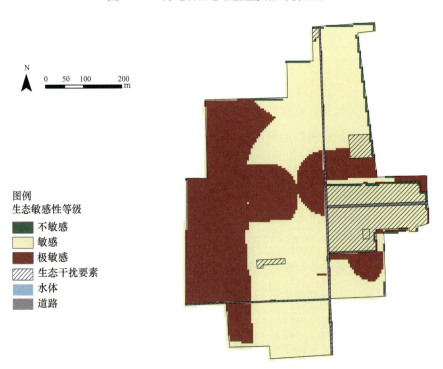

图 7-121 陈屯村生态敏感性评价结果

第 7 章 村镇社区"双评价"应用案例

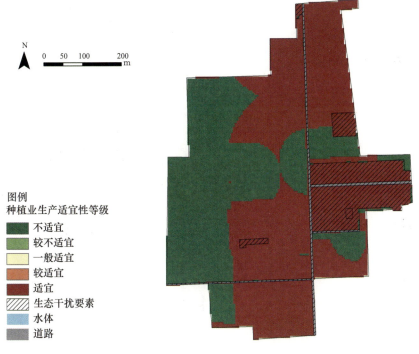

图 7-122 陈屯村种植业生产适宜性评价结果

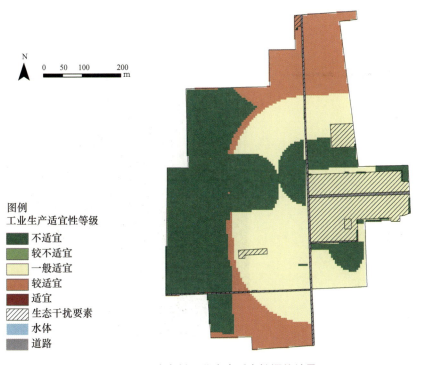

图 7-123 陈屯村工业生产适宜性评价结果

219

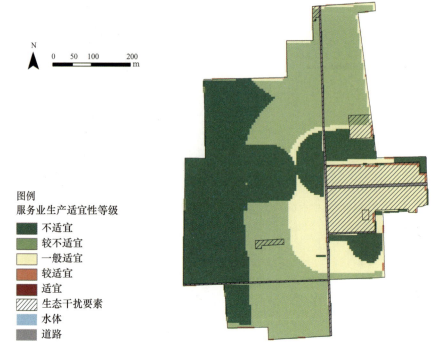

图 7-124　陈屯村服务业生产适宜性评价结果

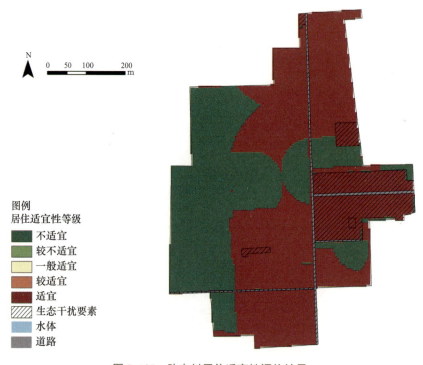

图 7-125　陈屯村居住适宜性评价结果

3. 村内生态空间问题识别

基于陈屯村的自然生态环境和人工绿化情况，结合生态敏感性与适宜性评价结果，可以看出陈屯村整体的生态基底较差，表现在以下几方面：① 村内生态要素缺乏，既没有大面积的林地、草地等生态要素，也没有水域等自然空间，大部分地区都提供不了很强的生态功能。② 农村居民点内人工绿化也相对较差，仅在居民点周边有带状的林地，不成规模，未能弥补天然的生态要素不足的情况。

因此，陈屯村的生态空间优化方向包括3方面：首先，因为整个村庄缺乏生态要素，在受到村庄建设用地影响较小的西部地区，应植树种草、增加植被覆盖度，提升生态系统服务功能；其次，在村内增加人工水系，提高水系连通度；最后，保护农村居民点附近的林地，以现有果园为基础，适当扩展经济林范围，形成完整、具有一定规模的林地斑块。

4. 生态空间优化指引

基于陈屯村的生态敏感性与适宜性现状评价以及村域内生态空间布局的问题识别，提出以下3个生态空间优化的具体对策（图7-126）：

（1）建设有机农场。通过在农田与道路的交界处沿线种植植物或景观作物，营造连续的村镇社区田园景观。在确保生物生息空间的同时，将社区中不以生产为主要目的的农田打造为体验自然、学习自然的场所。

（2）建设生态蓄水池。结合周边的丹河水域，在村域内设置生态蓄水池，注重雨洪设施的景观化处理，达到雨水逐级净化与收集的作用，同时增加滨水活动及亲水空间，实现乡村公共活动与生态景观的有机融合。

（3）增加草坪公园。利用村落内原有草地，打造成为集休闲、生态为一体的草坪公园，增加绿色空间面积，弥补自然生态要素的不足，同时营造生态良好的社区公共空间。

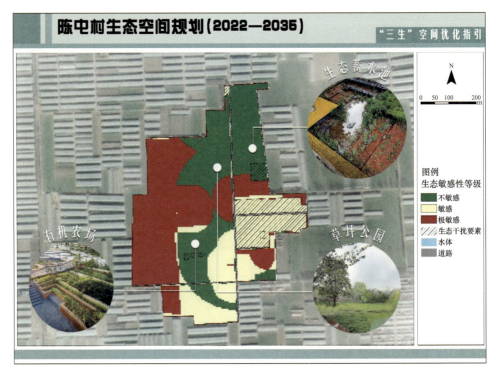

图 7-126　陈屯村"三生"空间优化指引

5. 村镇社区生态敏感性与适宜性优化效果

经过系统生态空间优化后,对陈屯村的生态敏感性与各项生活生产适宜性进行重新评价,结果如下:

在生态脆弱性方面(图 7-127),陈屯村除了农村居民点内仍维持生态脆弱区以外,周边的大面积耕地均由生态脆弱区优化为生态不脆弱区,生态脆弱区面积占比下降 82.4%。与之相对应的,陈屯村北部的耕地也基本上从生态敏感区转变为生态不敏感区(图 7-128),生态敏感区面积占比下降 31.7%。

通过对生态脆弱性与生态敏感性的优化,陈屯村的服务业生产适宜性也有一定程度的提升(图 7-129)。服务业生产较适宜区面积占比由 0.7% 增加至 4.5%,主要分布在邻近农村居民点的西北角,服务业生产一般适宜区面积占比由 22.2% 提升到 46.3%。

第7章 村镇社区"双评价"应用案例

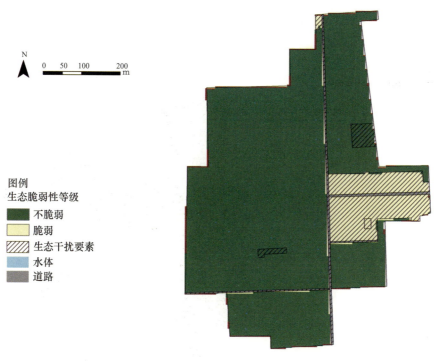

图 7-127 陈屯村优化后生态脆弱性评价结果

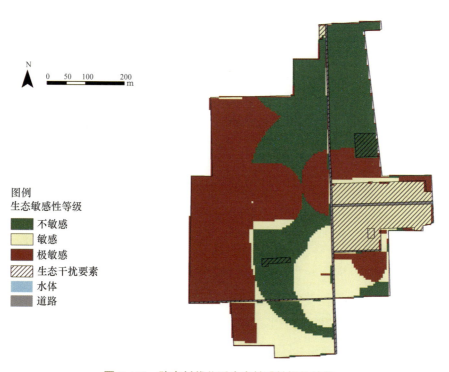

图 7-128 陈屯村优化后生态敏感性评价结果

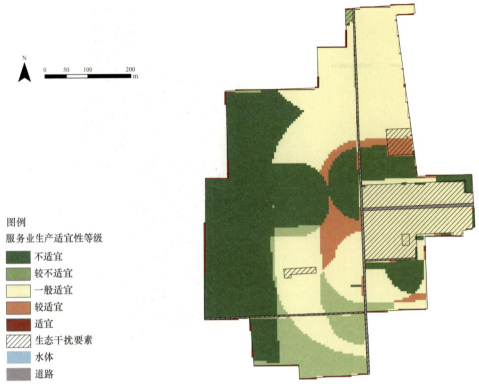

图 7-129 陈屯村优化后服务业生产适宜性评价结果

第 11 节 小 结

基于本书前述章节提出的村镇社区生态敏感性与适宜性评价方法，本章以我国华北地区黄花店镇和杨屯镇 2 个镇以及砖瓦窑村、麻子峪村等 8 个村为案例地点对研发技术进行了实际应用，根据评价结果识别了各村镇社区生态空间存在的主要问题，并针对这些问题提出了生态空间优化策略、评估了优化效果。通过本章的案例应用发现，由于各村镇社区自然地理环境和经济社会条件存在较大差异、面临的关键生态问题各异，各地的生态敏感性与适宜性评价结果也并不相同。基于评价结果和识别出的生态问题，在各村镇社区中采取不同的生态空间优化策略方案，以改善村镇社区生态要素的空间分布、数量或质量状况，进而降低生态敏感性、提高各功能的生态适宜性。整体来看，通过建设口袋公园、打造生态驳岸、增补绿地公园等多种不同的生态空间优化策略，各村镇社区的生态状况均得到了一定程度的改善（图7-130）。

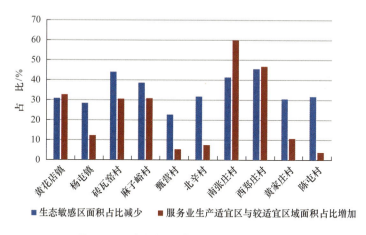

图7-130　案例村镇社区生态空间优化效果

以生态敏感性评价中敏感级别区域面积占比的下降值和服务业生产适宜性评价中适宜和较适宜级别区域面积占比增加为例，可以发现，在10个村镇社区中，经过生态空间优化后，生态敏感区域面积占比减少均在30%左右，但服务业生产适宜区和较适宜区面积占比增加却差异很大。这可能是因为前述生态空间优化策略大多是改善生态要素，而生态适宜性评价却是一个既与自然环境本身有关、又同社会经济条件紧密关联的过程。服务业生产适宜性提升程度较高的村镇社区，在进行优化之前均是受限于生态敏感性低而导致的服务业生产适宜性低，而那些服务业生产适宜性提升幅度较小的村镇社区则主要是受到社会经济条件的限制。这提示我们，在进行村镇社区空间综合治理时，要在维护生态安全的前提下，重视社会-自然系统之间的互动，强调社会经济条件在生态系统空间优化中的重要作用，从而促进乡村振兴战略中乡村生态宜居目标的实现。

参考文献

陈佳,杨新军,尹莎,等.基于VSD框架的半干旱地区社会-生态系统脆弱性演化与模拟[J].地理学报,2016,71(7):1172—1188.

陈婧,史培军.土地利用功能分类探讨[J].北京师范大学学报(自然科学版),2005,41(5):321—325.

陈士林,索凤梅,韩建萍,等.中国药材生态适宜性分析及生产区划[J].中草药,2007(4):481—487.

邓红兵,陈春娣,刘昕,等.区域生态用地的概念及分类[J].生态学报,2009,29(3):1519—1524.

邓小文,孙贻超,韩士杰.城市生态用地分类及其规划的一般原则[J].应用生态学报,2005,16(10):2003—2006.

丁黴,赵小敏,郭熙,等.江西省鄱阳湖区生态敏感性评价[J].水土保持研究,2020,27(1):257—264.

凡非得,罗俊,王克林,等.桂西北喀斯特地区生态系统服务功能重要性评价与空间分析[J].生态学杂志,2011,30(4):804—809.

方艳丽,王瑷玲,刘玉清.工业化地区农村居民点用地合理性评价及整治方向[J].水土保持研究,2016,23(4):161—166.

关小克,张凤荣,王秀丽,等.北京市生态用地空间演变与布局优化研究[J].地域研究与开发,2013,32(3):119—124.

郭焕成,韩非.中国乡村旅游发展综述[J].地理科学进展,2010,29(12):1597—1605.

何璇,毛惠萍,牛冬杰,等.生态规划及其相关概念演变和关系辨析[J].应用生态学报,2013,24(8):2360—2368.

贾良清，欧阳志云，张之源.生态功能区划及其在生态安徽建设中的作用［J］.安徽农业大学学报，2005（1）：113—116.

蒋舜媛，周燕，孙辉，等.羌活属植物在不同海拔引种的生态适宜性研究［J］.中国中药杂志，2017，42（14）：2649—2654.

角媛梅，肖笃宁.绿洲景观空间邻接特征与生态安全分析［J］.应用生态学报，2004，15（1）：31—35.

敬松.大城市郊县土地生态适宜性评价的理论和方法探讨［J］.西南师范大学学报（自然科学版），1995（1）：84—91.

康薇，王晓晴，张立强，等.怀来县未利用地开发生态敏感性研究［J］.水土保持研究，2018，25（1）：356—363.

李昂，赵天宇.基于生态敏感性评价的严寒地区林业村镇景观生态安全格局研究［J］.中国园林，2016，32（3）：85—89.

李博.生态学［M］.北京：高等教育出版社，2000.

李东.生态系统服务价值评估的研究综述［J］.北京林业大学学报（社会科学版），2011，10（1）：59—64.

李鹤，张平宇，程叶青.脆弱性的概念及其评价方法［J］.地理科学进展，2008（2）：18—25.

李红波，吴江国，张小林，等."苏南模式"下乡村工业用地的分布特征及形成机制——以常熟市为例［J］.经济地理，2018，38（1）：152—159.

李俊，佘济云，刘照程，等.基于GIS的生态脆弱区林地生态适宜性研究［J］.中国农学通报，2011，27（22）：16—21.

李晓燕，张晶.基于景观邻接特性的吉林省西部生态风险分析［J］.生态学杂志，2014，33（5）：1344—1350.

李月臣，刘春霞，闵婕，等.三峡库区生态系统服务功能重要性评价［J］.生态学报，2013，33（1）：168—178.

刘海启，王迎春.我国西北旱区农牧业综合开发潜力分析及水资源支撑能力研究［J］.中国农业资源与区划，2015，36（3）：1—9.

刘沛，段建南，王伟，等.土地利用系统功能分类与评价体系研究［J］.湖南农业大学学报（自然科学版），2010，36（1）：113—118.

刘小茜，王仰麟，彭建.人地耦合系统脆弱性研究进展［J］.地球科学进展，2009，24（8）：917—927.

刘焱序，王仰麟，彭建，等.耦合恢复力的林区土地生态适宜性评价——以吉林省汪清县为例[J].地理学报,2015,70(3):476—487.

刘真心,邬文兵.我国村镇宜居社区的内涵分析[J].科技资讯,2016,14(27):50+52.

龙花楼,刘永强,李婷婷,等.生态用地分类初步研究[J].生态环境学报,2015,24(1):1—7.

陆林,李天宇,任以胜,等.乡村旅游业态:内涵、类型与机理[J].华中师范大学学报(自然科学版),2022,56(1):62—72+82.

罗承平,薛纪瑜.中国北方农牧交错带生态环境脆弱性及其成因分析[J].干旱区资源与环境,1995(1):1—7.

苗长虹.中国欠发达地区农村工业发展的因素与区域型式——以河南省为例[J].地理研究,1994(3):25—34.

倪凯旋.基于景观格局指数的乡村生态规划方法[J].规划师,2013,29(9):118—123.

聂国良,韩磊,聂国忠.生态文明建设背景下乡镇政府职能转变研究综述[J].法制与社会,2013(10):153—154.

牛文元.生态环境脆弱带ECOTONE的基础判定[J].生态学报,1989(2):97—105.

欧阳志云,王如松,赵景柱.生态系统服务功能及其生态经济价值评价[J].应用生态学报,1999,10(5):635—640.

欧阳志云,王效科,苗鸿.中国生态环境敏感性及其区域差异规律研究[J].生态学报,2000,20(1):9—12.

彭建,王仰麟,张源,等.土地利用分类对景观格局指数的影响[J].地理学报,2006,61(2):157—168.

屈忠义,杨晓,黄永江.内蒙古河套灌区节水工程改造效果分析与评估[J].农业机械学报,2015,46(4):70—76+112.

荣冰凌,李栋,谢映霞.中小尺度生态用地规划方法[J].生态学报,2011,31(18):5351—5357.

盛连喜.环境生态学导论[M].北京:高等教育出版社,2002.

宋晓龙,李晓文,白军红,等.黄河三角洲国家级自然保护区生态敏感性评价[J].生态学报,2009,29(9):4836—4846.

孙才志,杨磊,胡冬玲.基于GIS的下辽河平原地下水生态敏感性评价[J].生态学报,2011,31(24):7428—7440.

覃志豪，唐华俊，李文娟.气候变化对我国粮食生产系统影响的研究前沿［J］.中国农业资源与区划，2015，36（1）：1—8.

谭克龙，王晓峰，高会军，等.塔里木河流域综合治理生态要素变化的遥感分析［J］.地球信息科学学报，2013，15（4）：604—610.

王成，刘秀华，刘勇，等.基于熵权物元模型的三峡库区生态敏感性评价［J］.西南大学学报（自然科学版），2013，35（1）：59—64.

王春光.中国乡村治理结构的未来发展方向［J］.人民论坛·学术前沿，2015（3）：44—55.

王洪云，陈爱国，赵国明，等.云南大理州烤烟生态适宜性评价［J］.中国农学通报，2012，28（28）：280—285.

王金岩，何淑华.从"树形"到"互动网络"——公交引导下的村镇社区空间发展模式初探［J］.城市规划，2012，36（10）：68—74.

王丽惠.控制的自治：村级治理半行政化的形成机制与内在困境——以城乡一体化为背景的问题讨论［J］.中国农村观察，2015（2）：57—68+96.

王巍巍，贺达汉.生态景观边缘效应研究进展［J］.农业科学研究，2012，33（3）：62—66.

王晓晴，牛志君，康薇，等.基于土地生态要素分区的坝上生态用地生态服务价值分析［J］.中国生态农业学报，2018，26（6）：903—915.

王仰麟.景观生态系统及其要素的理论分析［J］.人文地理，1997，12（1）：1—5.

乌兰吐雅，于利峰，乌兰，等.基于Landsat8 TVDI的河套灌区旱情分析——以临河区为例［J］.中国农业资源与区划，2017，38（5）：123—127.

邬建国.景观生态学——格局、过程、尺度与等级［M］.北京：高等教育出版社，2000.

吴必虎，黄琢玮，马小萌.中国城市周边乡村旅游地空间结构［J］.地理科学，2004（6）：757—763.

吴炳方，张淼.从遥感观测数据到数据产品［J］.地理学报，2017，72（11）：2093—2111.

肖笃宁，陈文波，郭福良.论生态安全的基本概念和研究内容［J］.应用生态学报，2002，13（3）：354—358.

肖笃宁，李秀珍，高峻，等.景观生态学［M］.2版.北京：科学出版社，2010.

肖玉，谢高地，安凯.莽措湖流域生态系统服务功能经济价值变化研究［J］.应用生态学报，2003（5）：676—680.

谢高地，张彩霞，张雷明，等.基于单位面积价值当量因子的生态系统服务价值化方法改进[J].自然资源学报，2015，30（8）：1243—1254.

谢高地，张钇锂，鲁春霞，等.中国自然草地生态系统服务价值[J].自然资源学报，2001（1）：47—53.

杨小艳，郑剑，冯建美，等.基于生态因子耐受度的土地利用规划生态红线划定研究[J].地理与地理信息科学，2017，33（5）：75—79.

易珍言，赵红莉，蒋云钟，等.遥感技术在河套灌区灌溉管理中的应用研究[J].南水北调与水利科技，2014，12（5）：166—169.

喻锋，李晓波，张丽君，等.中国生态用地研究：内涵、分类与时空格局[J].生态学报，2015，35（14）：4931—4943.

袁金辉，乔彦斌.自治到共治：中国乡村治理改革40年回顾与展望[J].行政论坛，2018，25（6）：19—25.

张红旗，王立新，贾宝全.西北干旱区生态用地概念及其功能分类研究[J].中国生态农业学报，2004，12（2）：5—8.

张月朋，常青，郭旭东.面向实践的生态用地内涵、多维度分类体系[J].生态学报，2016，36（12）：3655—3665.

赵英时.遥感应用分析原理和方法[M].北京：科学出版社，2003.

赵毓芳，祁帆，邓红蒂.生态空间用途管制的八大特征变化[J].中国土地，2019（5）：12—15.

郑仰阳，谢正观.基于生态敏感性评价的城市非建设用地规划研究——以龙海市九龙江地区为例[J].城市发展研究，2011，18（5）：65—71.

周国富，刘金欣，李晓娟，等.黄芩生态适宜性评价及生态因子对5种主要指标性成分的影响[J].中国实验方剂学杂志，2016，22（20）：28—32.

周扬，郭远智，刘彦随.中国乡村地域类型及分区发展途径[J].地理研究，2019，38（3）：467—481.

朱光明，王士君，贾建生，等.基于生态敏感性评价的城市土地利用模式研究——以长春净月经济开发区为例[J].人文地理，2011，26（5）：71—75.

邹利林，王建英.中国农村居民点布局优化研究综述[J].中国人口·资源与环境，2015，25（4）：59—68.

Adger W N. Vulnerability[J]. Global Environmental Change, 2006, 16（3）：268-281.

Arowolo A O, Deng X, Olatunji O A, et al. Assessing changes in the value of ecosystem services in response to land-use/land-cover dynamics in Nigeria[J]. Science of

The Total Environment, 2018, 636: 597-609.

Bański J, Wesołowska M. Transformations in housing construction in rural areas of Poland's Lublin Region—Influence on the spatial settlement structure and landscape aesthetics [J]. Landscape and Urban Planning, 2010, 94 (2): 116-126.

Bargiel D. A new method for crop classification combining time series of radar images and crop phenology information [J]. Remote Sensing of Environment, 2017, 198: 369-383.

Breiman L. Bagging predictors [J]. Machine Learning, 1996, 24 (2): 123-140.

Breiman L. Random forests [J]. Machine Learning, 2001, 45 (1): 5-32.

Cao S, Chen L, Yu X. Impact of China's Grain for Green Project on the landscape of vulnerable arid and semi-arid agricultural regions: A case study in northern Shaanxi Province [J]. Journal of Applied Ecology, 2009, 46 (3): 536-543.

Capotorti G, Guida D, Siervo V, et al. Ecological classification of land and conservation of biodiversity at the national level: The case of Italy [J]. Biological Conservation, 2012, 147 (1): 174-183.

Carlson T N, Sanchez-Azofeifa G A. Satellite remote sensing of land use changes in and around San José, Costa Rica [J]. Remote Sensing of Environment, 1999, 70 (3): 247-256.

Chen Q, Wang L, Waslander S L, et al. An end-to-end shape modeling framework for vectorized building outline generation from aerial images [J]. ISPRS Journal of Photogrammetry and Remote Sensing, 2020, 170: 114-126.

Commission of the European Communities. CLC2006 Technical Guidelines [EB/OL]. (2007-12-18) [2022-07-17]. https://www.eea.europa.eu/publications/technical_report_2007_17

Costanza R, Arge, Groot R D, et al. The value of the world's ecosystem services and natural capital [J]. Nature, 1997, 387 (15): 253-260.

Cropper M, Griffiths C, 1994. The interaction of population growth and environmental quality [J]. The American Economic Review, 84 (2): 250-254.

De Lange H J, Sala S, Vighi M, et al. Ecological vulnerability in risk assessment — A review and perspectives [J]. Science of The Total Environment, 2010, 408 (18): 3871-3879.

DeVantier L M, De'ath G, Done T J, et al. Ecological assessment of a complex natural system: A case study from the Great Barrier Reef [J]. Ecological Applications, 1998, 8 (2): 480-496.

Dinda S. Environmental kuznets curve hypothesis: A survey[J]. Ecological Economics, 2004, 49(4): 431-455.

Ding X, Chong X, Bao Z, et al. Fuzzy comprehensive assessment method based on the entropy weight method and its application in the water environmental safety evaluation of the Heshangshan drinking water source area, Three Gorges Reservoir Area, China[J]. Water, 2017, 9(5): 329.

Dossou J F, Li X X, Sadek M, et al. Hybrid model for ecological vulnerability assessment in Benin[J]. Scientific Reports, 2021, 11(1): 2449.

Frazier T G, Thompson C M, Dezzani R J. A framework for the development of the SERV model: A spatially explicit resilience-vulnerability model[J]. Applied Geography, 2014, 51: 158-172.

Frondoni R, Mollo B, Capotorti G. A landscape analysis of land cover change in the municipality of Rome (Italy): Spatio-temporal characteristics and ecological implications of land cover transitions from 1954 to 2001[J]. Landscape and Urban Planning, 2011, 100(1): 117-128.

Ghulam A, Qin Q, Teyip T, et al. Modified perpendicular drought index (MPDI): A real-time drought monitoring method[J]. ISPRS Journal of Photogrammetry and Remote Sensing, 2007, 62(2): 150-164.

Hänsch R, Hellwich O. Random forests for building detection in polarimetric SAR data [C]//2010 IEEE International Geoscience and Remote Sensing Symposium, 2010: 460-463.

Hao P, Zhan Y, Wang L, et al. Feature selection of time series MODIS data for early crop classification using random forest: A case study in Kansas, USA[J]. Remote Sensing, 2015, 7(5): 5347-5369.

He K, Sun J. Convolutional neural networks at constrained time cost[C]//Proceedings of the IEEE Conference on Computer Vision and Pattern Recognition, 2015: 5353-5360.

He K, Zhang X, Ren S, et al. Deep residual learning for image recognition[C]// Proceedings of the IEEE Conference on Computer Vision and Pattern Recognition, 2016: 770-778.

Ji S, Wei S, Lu M. A scale robust convolutional neural network for automatic building extraction from aerial and satellite imagery[J]. International Journal of Remote Sensing, 2019a, 40(9): 3308-3322.

Ji S, Wei S, Lu M. Fully convolutional networks for multisource building extraction from an open aerial and satellite imagery data set[J]. IEEE Transactions on Geoscience and

Remote Sensing, 2019b, 57（1）: 574-586.

Kates R W, Clark W C, Corell R, et al. Sustainability science[J]. Science, 2001, 292（5517）: 641-642.

Kindu M, Schneider T, Teketay D, et al. Changes of ecosystem service values in response to land use/land cover dynamics in Munessa–Shashemene landscape of the Ethiopian highlands[J]. Science of The Total Environment, 2016, 547: 137-147.

Kreuter U P, Harris H G, Matlock M D, et al. Change in ecosystem service values in the San Antonio area, Texas[J]. Ecological Economics, 2001, 39（3）: 333-346.

Kisantal M, Wojna Z, Murawski J, et al. Augmentation for small object detection[C]. 9th International Conference on Advances in Computing and Information Technology (ACITY 2019), 2019.

Li P, Song B, Xu H. Urban building damage detection from very high resolution imagery by one-class SVM and shadow information[C]//2011 IEEE International Geoscience and Remote Sensing Symposium, 2011: 1409-1412.

Li Q, Shi X, Wu Q. Effects of protection and restoration on reducing ecological vulnerability[J]. Science of The Total Environment, 2021, 761: 143180.

Lin T Y, Goyal P, Girshick R, et al. Focal loss for dense object detection[C]//Proceedings of the IEEE International Conference on Computer Vision, 2017: 2980-2988.

Liu P, Liu X, Liu M, et al. Building footprint extraction from high-resolution images via spatial residual inception convolutional neural network[J]. Remote Sensing, 2019, 11（7）: 830.

Liu W, Zhan J, Zhao F, et al. Impacts of urbanization-induced land-use changes on ecosystem services: A case study of the Pearl River Delta Metropolitan Region, China[J]. Ecological Indicators, 2019, 98: 228-238.

Liu Y, Li J, Zhang H. An ecosystem service valuation of land use change in Taiyuan City, China[J]. Ecological Modelling, 2012, 225: 127-132.

Long J, Shelhamer E, Darrell T. Fully convolutional networks for semantic segmentation[C]//Proceedings of the IEEE Conference on Computer Vision and Pattern Recognition, 2015: 3431-3440.

Marulli J, Mallarach J M. A GIS methodology for assessing ecological connectivity: Application to the Barcelona Metropolitan Area[J]. Landscape and Urban Planning, 2005, 71（2-4）: 243-262.

McCarthy J, Canziani O F, Leary N A, et al. Climate Change 2001: Impacts, Adaptation, and Vulnerability[M]. Cambridge: Cambridge University Press, 2001.

McHarg I. Design with Nature[M]. New York: American Museum of Natural History, 1969.

Mörtberg U M, Balfors B, Knol W C. Landscape ecological assessment: A tool for integrating biodiversity issues in strategic environmental assessment and planning[J]. Journal of Environmental Management, 2007, 82(4): 457-470.

Muhammad S, Zhan Y, Wang L, et al. Major crops classification using time series MODIS EVI with adjacent years of ground reference data in the US state of Kansas[J]. Optik, 2016, 127(3): 1071-1077.

Murcia C. Edge effects in fragmented forests: Implications for conservation[J]. Trends in Ecology & Evolution, 1995, 10(2): 58-62.

Narayan P K, Narayan S. Carbon dioxide emissions and economic growth: Panel data evidence from developing countries[J]. Energy Policy, 2010, 38(1): 661-666.

Nelson D R, Adger W N, Brown K. Adaptation to environmental change: Contributions of a resilience framework[J]. Annual Review of Environment and Resources, 2007, 32(1): 395-419.

Ning X, Lin X. An index based on joint density of corners and line segments for built-up area detection from high resolution satellite imagery[J]. ISPRS International Journal of Geo-Information, 2017, 6(11): 338.

Pelletier C, Valero S, Inglada J, et al. Assessing the robustness of random forests to map land cover with high resolution satellite image time series over large areas[J]. Remote Sensing of Environment, 2016, 187: 156-168.

Peng J, Ma J, Du Y, et al. Ecological suitability evaluation for mountainous area development based on conceptual model of landscape structure, function, and dynamics[J]. Ecological Indicators, 2016, 61: 500-511.

Peng J, Tian L, Zhang Z, et al. Distinguishing the impacts of land use and climate change on ecosystem services in a karst landscape in China[J]. Ecosystem Services, 2020, 46: 101199.

Peng R, Cao G, Liu T. Neighboring effects on ecological functions: A new approach and application in urbanizing China[J]. Land, 2022, 11(7): 987.

Peng S, Jiang W, Pi H, et al. Deep snake for real-time instance segmentation[C]//Proceedings of the IEEE/CVF Conference on Computer Vision and Pattern Recognition, 2020: 8533-8542.

Poon J P H, Casas I, He C. The impact of energy, transport, and trade on air pollution in China[J]. Eurasian Geography and Economics, 2006, 47（5）：568-584.

Riutta T, Slade E M, Morecroft M D, et al. Living on the edge: Quantifying the structure of a fragmented forest landscape in England[J]. Landscape Ecology, 2014, 29（6）：949-961.

Ronneberger O, Fischer P, Brox T. U-Net: Convolutional networks for biomedical image segmentation[C]//Navab N, Hornegger J, Wells W M, et al. Medical Image Computing and Computer-Assisted Intervention — MICCAI 2015. Cham: Springer International Publishing, 2015：234-241.

Sandholt I, Rasmussen K, Andersen J. A simple interpretation of the surface temperature/vegetation index space for assessment of surface moisture status[J]. Remote Sensing of Environment, 2002, 79（2）：213-224.

Sayago S, Ovando G, Bocco M. Landsat images and crop model for evaluating water stress of rainfed soybean[J]. Remote Sensing of Environment, 2017, 198：30-39.

Schröter D, Polsky C, Patt A G. Assessing vulnerabilities to the effects of global change: An eight step approach[J]. Mitigation and Adaptation Strategies for Global Change, 2005, 10（4）：573-595.

Shen F, Liu B, Luo F, et al. The effect of economic growth target constraints on green technology innovation[J]. Journal of Environmental Management, 2021, 292：112765.

Smit B, Burton I, Klein R J T, et al. An anatomy of adaptation to climate change and variability[M]//Kane S M, Yohe G W. Societal Adaptation to Climate Variability and Change. Dordrecht: Springer Netherlands, 2000：223-251.

Song X P, Potapov P V, Krylov A, et al. National-scale soybean mapping and area estimation in the United States using medium resolution satellite imagery and field survey[J]. Remote Sensing of Environment, 2017, 190：383-395.

Timmerman P. Vulnerability, Resilience and the Collapse of Society: A Review of Models and Possible Climate Applications[M]. Toronto: Institute for Environmental Studies, 1981.

Turner B L, Kasperson R E, Matson P A, et al. A framework for vulnerability analysis in sustainability science[J]. Proceedings of the National Academy of Sciences, 2003, 100（14）：8074-8079.

Waldner F, Lambert M J, Li W, et al. Land cover and crop type classification along the season based on biophysical variables retrieved from multi-sensor high-resolution time series

[J]. Remote Sensing, 2015, 7(8): 10400-10424.

Wang N, Chen F, Yu B, et al. Segmentation of large-scale remotely sensed images on a Spark platform: A strategy for handling massive image tiles with the MapReduce model[J]. ISPRS Journal of Photogrammetry and Remote Sensing, 2020, 162: 137-147.

Willemen L, Hein L, Verburg P H. Evaluating the impact of regional development policies on future landscape services[J]. Ecological Economics, 2010, 69(11): 2244-2254.

Wu J, Li P, Qian H, et al. On the sensitivity of entropy weight to sample statistics in assessing water quality: Statistical analysis based on large stochastic samples[J]. Environmental Earth Sciences, 2015, 74(3): 2185-2195.

Xie G, Zhang C, Zhang C, et al. The value of ecosystem services in China[J]. Resources Science, 2015, 37(9): 1740-1746.

Xie G, Zhang C, Zhen L, et al. Dynamic changes in the value of China's ecosystem services[J]. Ecosystem Services, 2017, 26: 146-154.

Yan D, De Beurs K M. Mapping the distributions of C3 and C4 grasses in the mixed-grass prairies of southwest Oklahoma using the Random Forest classification algorithm[J]. International Journal of Applied Earth Observation and Geoinformation, 2016, 47: 125-138.

Yang Y, Liu Y, Li Y, et al. Quantifying spatio-temporal patterns of urban expansion in Beijing during 1985—2013 with rural-urban development transformation[J]. Land Use Policy, 2018, 74: 220-230.

Yi H, Güneralp B, Filippi A M, et al. Impacts of land change on ecosystem services in the San Antonio River Basin, Texas, from 1984 to 2010[J]. Ecological Economics, 2017, 135: 125-135.